우리가
세상을
바꿀 수
있다면

지속 가능한
사회를 위한
정의로운 선택,
임팩트 투자

# 우리가
# 세상을
# 바꿀 수
# 있다면

모건 사이먼 지음 · 김영경 · 신지윤 · 최나영 옮김

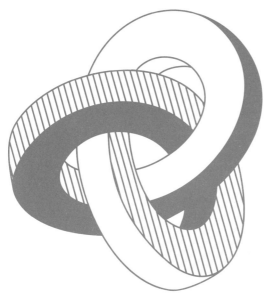

알에이치코리아

"모건 사이먼은 금융을 대하는 방식을 바꿈으로써 세상을 바꿀 수 있다는 거대한 아이디어로 대단한 업적을 만들었다. 빛나는 아이디어만큼이나 그녀의 글도 무척 흥미롭다."
_밴 존스 Van Jones, CNN 정치 평론가

"임팩트 투자는 자세히 연구할 만한 가치 있는 주제이다. 저자는 임팩트 투자가 희망적인 변화를 가져올 수 있는 분야와 변화를 가져올 수 없는 분야를 구분할 수 있도록 도와준다. 그것도 아주 적절한 타이밍에!"
_빌 맥키번 Bill McKibben, 국제 환경 운동가

"집단적 사회 복지를 우선시하는 국가 차원에서 돈을 어디에 투자하는가는 해당 국가의 가치를 웅변한다. 모건 사이먼의 혁신적인 투자 방식은 금융이 모두를 위한 선의의 힘이 될 수 있다는 사실을 확인시킨다."_키스 엘리슨 Keith Ellison, 미국 하원 의원

"『우리가 세상을 바꿀 수 있다면』은 독특하고 가치 있는 교육 자료이다. 임팩트 투자에 관한 한, 모건 사이먼의 전문성은 타의 추종을 불허하며 바로 이 책에서 그녀의 전문성이 빛나고 있다."
_비크람 간디 Vikram Gandhi, 하버드 경영대학원 부교수 및 크레디트스위스 은행 전 부회장

"전 세계적 화두인 사회적·환경적 진전을 도모하기 위해서, 투자자들은 임팩트가 큰 기업에 적합한 방식으로 자본을 제공하고 구조화하는 방법을 이해할 필요가 있다. 『우리가 세상을 바꿀 수 있다면』은 리스크-수익 스펙트럼에 따라 직면하게 될 복잡한 트레이드오프를 강조하고 시장 성장을 위한 청사진을 제시한다. 이는 낙관론과 실천 사이의 지적 간극을 해소하는 데 도움이 된다."
_데브라 D. 슈워츠 Debra D. Schwartz, 맥아더 재단 임팩트 투자 총괄 이사

"이 책에는 중요한 충고가 될 만한 이야기가 포함되어 있다. 모든 사람들이 수혜를 받을 수 있도록 임팩트 투자를 어떻게 확장할 수 있을까? 이는 포괄적 투자의 최고 전문가 모건 사이먼의 경험에서 비롯된 설득력 있는 예시를 통해 배울 수 있을 것이다."

_ 벤 젤레스 Ben Jealous, 카포어 캐피털 파트너

"『우리가 세상을 바꿀 수 있다면』은 학계에 주는 선물이다. 모건 사이먼만큼 사고를 자극하는 투자 철학, 전문성, 경험에서 우러나오는 실질적인 조언이 균형을 이루는 사람은 없다."

_ 하이디 크라우엘 파텔 Heidi Krauel Patel, 스탠퍼드 대학교 경영대학원 강사

"사회적·환경적 트렌드가 투자의 기회를 만들어낸다는 사실이 점차 확실해지면서, 보험 회사, 연금 펀드, 국부 펀드에 이르기까지 전 세계 1,700여 개의 자산 소유 기관이 유엔 책임투자원칙에 서명했다. 이로써 투자자들은 전 세계의 문제를 해결하고 동시에 임팩트 펀드의 수혜자 및 고객에게 높은 수익을 제공할 수 있게 되었다. 임팩트 투자 산업의 리더로 꼽히는 모건 사이먼의 책은 흥미진진할 뿐만 아니라 새로운 분야의 선두 주자가 되고자 하는 사람들에게 중요한 교훈을 준다."

_ 제임스 기포드 James Gifford, 유엔 책임투자원칙 설립자 겸 전 전무 및 UBS 선임 임팩트 투자 전략가

"지속 가능한 개발 모델을 찾고 있는 글로벌 개발 기구들이 임팩트 투자에 높은 관심을 보이고 있다. 투자가 빈곤의 원인이 될지 아니면 빈곤을 종식시키는 수단이 될지에 대한 회의론이 제기되기도 한다. 하지만 선의의 목적에 부합하도록 투자를 활용할 수 있는 방법을 알려주고, 더 나아가 영감을 불러일으키는 로드 맵까지 제시하는 『우리가 세상을 바꿀 수 있다면』은 임팩트 투자의 잠재력을 보여줄 것이다."

_ 미셸 넌 Michelle Nunn, 케어 유에스에이 사장 겸 CEO

블랙록<sup>BlackRock</sup>과 같은 세계 최대
의 ETF 운용사, KKR, TPG와 같은 대형 프라이빗 에쿼티가 임
팩트 투자 펀드를 운용하고 있는 것은 이미 새로운 뉴스거리가
아니다. 기후 변화와 코로나19로 인한 경제·정치·사회 위기가
온 세계를 뒤덮고 있지만, 동시에 사람들은 자연 생태계의 가치
를 새롭게 인식하며 ESG 투자에 대해 높은 관심을 보이고 있다.
사회 책임 투자에서 ESG 투자, 임팩트 투자로 진화해 온 '비주류
투자 렌즈'가 주류 금융 기관에 의해 차용되고 있는 변화는 어떤
의미를 가지고 있을까?

토닉은 내가 10년 전, '사회'와 '재무'를 통합시킨 가치를 추
구하는 새로운 투자 방법을 고민할 때, 샌프란시스코에서 만났던
글로벌 임팩트 투자자들의 네트워크였다. 그때 토닉은 막 생겨난
네트워크였으며, 진정성을 가지고 행동하는 투자자의 친근한 모
임이었다. 그 당시 이 책의 저자인 모건 사이먼은 토닉의 대표였
는데, 나와 임팩트 투자라는 여정을 함께 걸어가는 친구가 되어
주었다. 그녀는 사회 운동가로서의 기질을 지니고 있으며, 임팩

트 투자자로 활동하면서도 브라질의 빈민촌에서 거주하는 선택을 하는 등 투자와 정의, 이 두 영역을 거침없이 넘나들고 있었다. 이 점은 청년 시절의 나의 발자국과 겹친다. 그 이후 모건 사이먼은 토닉을 떠나 파이 인베스트먼트, 트랜스폼 파이낸스를 설립하며 자신의 길을 개척했다. 모건 사이먼과의 인연은 계속되었고, 나는 그녀의 독특한 임팩트 투자 행보에 매료되었다.

한국으로 돌아온 후 나는 디쓰리쥬빌리파트너스D3 Jubilee Part-ners를 통해 임팩트 투자 벤처 펀드를 만들었다. 나는 토닉에 남아(이제는 토닉의 가장 오래된 멤버 중 한 사람이 되었다.) 다른 임팩트 투자자들과 투자 딜과 프로세스에 대한 협업을 계속하고 있다. 또한 아시아의 임팩트 투자 생태계 발전을 위해 디쓰리쥬빌리파트너스와 토닉은 2016년부터 연례 포럼 '아시아 임팩트 나이츠'를 공동으로 개최하고 있다.

임팩트 투자 산업의 주류 금융화 논의가 시작되는 시점이다. 이제서야 임팩트 투자 개척의 일원이었던 모건 사이먼의 책이 한국어로 번역되어 출간된다는 것은 다소 늦은 감도 있다. 하지만 지금이야말로 한국의 독자들이 이 책을 읽어야 하는 때라고 생각된다. 국내 총생산으로 대표되는 경제 성장은 모든 구성원에게 편익이 되지 못하고 있고, 코로나19로 인하여 벼랑 끝으로 밀려난 사람들의 삶은 위태롭다. 뿐만 아니라 세계에서 가장 빠르게 고령화 사회로 진입하고 있으며 기후 악당이라는 불명예를 벗어야 하는 시급성을 안고 있다. 이러한 배경 속에서 사람들은 보다 공정하고 지속 가능한 사회를 바라는 열망을 표출했다. 사회적 기업, 협동조합, 소셜 벤처, ESG 투자, 임팩트 투자, 사회적 경제 등에 쏟아지는 관심도 이 같은 바람이 반영된 것이라 할 수 있다. 기존의 부의 생산 및 분배 구조에서 변화를 만들어야 한다. 이것이 임팩트 투자가 전통적인 자선 사업과 달라야 하는 지점이다. 임팩트 투자의 발전은 상업적인 이해로 결탁한 기존 산업과 금융 시스템에 변화를 가져올 매개가 되고 있는가? 그동안 배제되었던 지역 사회와 사람들의 삶이 실질적으로 달라지고 있는가?

　모건 사이먼은 수많은 경험을 바탕으로 한 구체적인 사례를 들어 임팩트 투자 산업에 경고음을 울리고 있다. 중요한 것은 속도가 아니라 방향이다. 그렇다면 임팩트 투자자는 과연 무엇을 해야 하는가? 임팩트 투자는 도구이다. 모건 사이먼의 표현대로, '연분홍 밍크코트를 걸친 채식주의자'가 되어서는 안 된다. 임팩트 투자라는 도구는 낮은 곳에 있는 사람들을 위해 사용되어야 하며, 사회적·환경적으로 지속 가능한 시스템을 만드는 데 사용되어야 한다. 이때 예리함이 무뎌져서는 안 될 것이다. 이러한 사명을 끌어안는 임팩트 투자자의 여정은 때로는 혼란스럽고 아플 수도 있다. 하지만 아름다운 길일 것이다. 이 책을 읽는 사람은 이에 공감할 것이다.

— 임팩트 벤처 캐피털 디쓰리쥬빌리파트너스
대표 이덕준

　　　　　　　먼저 공역자에게 고마움을 표한
다. 홍콩에 머물면서도 특유의 유쾌함을 잃지 않으며 번역 과정
에서 세 명의 균형을 맞춰준 최나영 씨, 언제나 지치지 않는 에너
지로 번역 작업의 소금 역할을 해준 김영경 씨에게 깊이 감사하
는 바이다. 『우리가 세상을 바꿀 수 있다면』의 번역자인 우리 셋
은 2007년 펀드 매니저 신지윤과 애널리스트 김영경, 최나영으
로 만났다. 금융 시장의 환호와 탐욕이 금융 위기로 몰아간 과정,
그리고 이후의 쓸쓸함을 기억한다. 그 후 십여 년 동안 드문드문
연락을 취하다, 2019년 가을 우연히 모두가 박사 과정을 시작한
사실을 확인하고 놀랐다. 하지만 더 놀라운 것은 십여 년 전 아마
도 금융 시장의 주구라고 불려도 무방했던 우리가 착한 금융을
표방하는 외서를 번역해 국내에 소개하는 데 의기투합했다는 사
실일 것이다.
　　임팩트 투자를 처음 접하게 된 시기는 2019년 초겨울이었
다. 사실은 직업 때문이었다. 투자 의사 결정에 환경, 사회, 지배
구조 요인을 반영하는 ESG 투자가 한국 금융업계에서도 각광을

받기 시작했고, 나는 애널리스트로서 리포트를 준비해야 했다. 임팩트 투자는 ESG 투자의 한 분야로서 가장 적극적인 투자 방식으로 소개되고 있었다. 사람들의 삶에 긍정적인 변화를 일으키는 투자라는 개념에 매료되었고, 실제 사례를 찾아보고 싶었다. 번역을 생각한 건 이즈음이었다. 이왕이면 구체적인 사례가 담긴 외서를 원하고 있던 차에, 김영경 씨와 최나영 씨가 『Real Impact』를 찾아냈다. 우리가 먼저 임팩트 투자를 다룬 외서의 번역을 자처했고, 출판사에 직접 출간을 제안했다는 점에서 일반적인 번역서의 탄생과는 꽤나 다른 과정일 것이다.

저자 모건 사이먼은 임팩트 투자의 개념 정립부터 규모를 키우는 방법에 대한 제언, 그 과정에서 주의해야 할 사항까지 자칫 지루해질 수도 있는 투자 이론을 힘 있게 그려냈다. 임팩트 투자자로 살아온 풍부한 경험을 바탕으로 한 주옥같은 사례가 임팩트 투자의 개념과 잘 접목되며 생생한 글이 완성되었다. 다만 일반적이지 않은 다수의 금융 및 투자 용어와 미국식 표현 등으로 인해, 익숙지 않은 번역 과정에서 행여 실수가 있을까 봐 우려되기도 한다. 그러나 최대한 독자의 입장을 고려해 작업에 신중을 기했다. 편집 과정에서 알에이치코리아의 윤미희 편집자가 많은 수고를 했다. 진심으로 감사드리는 바이다.

도서의 의미를 번역자가 되짚어 자칫 강요의 맥락을 더할 이유는 없지만, 금융업계 종사자로서 몇 마디 얹고 싶은 마음을 누르기 어려워 첨언하고자 한다. 첫째, 통렬한 반박과 정보의 가치를 지녔다. 모건 사이먼은 임팩트 투자에 대한 선입견에 과학적이고 논리적으로 대응한다. 둘째, 불평등 시대에 큰 울림을 전한다. 임팩트 투자는 공정의 가치와 지역 사회의 자립을 위한 노력을 특히 강조한다. 코로나19로 불평등이 심화되는 상황 속에서 이해관계자들이 함께 어려움을 헤쳐나갈 수 있는 방안에 대한 힌트를 찾을 수 있다. 셋째, 지속 가능한 발전의 중요성을 곱씹게 된다. 도서에 묘사된 중남미와 아프리카의 재생 에너지 개발 사례는 후대를 위해 그린뉴딜을 준비하는 대한민국에도 유의미하다. 마지막으로, 금융업계의 도덕성을 생각하는 계기가 된다. 2020년에는 금융업계의 명예가 크게 실추된 사모 펀드 사건이 발생했다.

그러나 금융업계에는 이 순간에도 묵묵히 사회 책임 투자를 공부하고 실제로 행동하고 있는 투자 운용업계 관계자들과 자신의 가치관에 따라 임팩트 투자의 씨앗을 뿌리는 사람들도 존재한다. 금융의 도덕성을 정비해야 할 지금, 이 책은 더욱 빛난다.

회사의 배려로 업무를 병행하면서 번역서를 낼 수 있었다. KTB투자증권 이병철 부회장님, 최석종 사장님, 그리고 리서치센터의 애널리스트들에게 고개를 숙인다. 내가 글과 관련된 일로 밥벌이를 하고 있는 건, 어렸을 때부터 습관이 된 하루 세 부의 조간신문 덕이다. 아버지가 그립다.

— 2020년 12월 여의대로에서 번역자를 대표해

신지윤

임팩트 투자가 전 세계로 확산되고 있다. 그리고 임팩트 투자 논의에서 사회 운동, 기업가 정신, 투자에 대한 통찰력을 지닌 국가, 한국의 존재감이 부각되고 있다. 때마침 이 책이 한국에서 출간되어 매우 기쁘고, 이를 통해 한국에 있는 독자들과 '함께' 임팩트 투자에 대한 논의를 계속 이어나갈 수 있기를 바란다.

임팩트 투자는 아시아 금융 시장에서 하나의 분야로 확실하게 자리매김했다. 투자자는 가치관에 부합하는 수익을 추구할 수 있고, 기업인은 재무적·사회적 수익을 모두 효과적으로 추구할 수 있다는 사실을 증명한 덕분이다. 한편 임팩트 투자는 지금 중대한 기로에 서 있다. 임팩트 투자가 실제로 권력의 관계를 변화시켜 모든 계층을 아우르는 경제 기반을 구축할 것인가 아니면 단순히 파이를 점진적으로 확장시키기만 할 것인가? 임팩트 투자는 우리가 직면한 환경 재앙을 막을 수 있을 것인가 아니면 환경 재앙이 오는 속도를 늦추기만 할 뿐인가? 향후 10년간 모두가 함께 노력한다면 긍정적인 변화를 이끌어낼 수 있을 것이다.

미국인으로서 나는 역사나 전통에 큰 가치를 두지 않는 문화적 배경에서 성장했다. 미국에서는 규칙을 세우는 즉시 바꾸는 일이 빈번하게 일어났고, 그 과정에서 종종 수천 년 동안 공들여 문화를 형성해 온 주변 국가에 극심한 피해를 입히기도 했다. 그러나 전통과 혁신의 균형을 이루어낸 아시아 국가에서 배워야 할 점은 상당히 많다. 특히 반만년의 역사를 자랑하는 한국은 가족과 지역 사회를 깊이 존중하며 세계에서 가장 유구하고 무궁한 문화를 가진 국가로 알려져 있다. 이러한 심오한 가치관이 임팩트 투자에 어떻게 적용될 수 있을지에 대한 해답을 이 책에서 찾을 수 있을 것이다. 더불어 이 책을 통해 임팩트 투자에 대한 논의를 발전시킬 수 있기를 기대한다. 임팩트에 대한 질문과 아이디어를 나누며 함께 임팩트를 만들어나가기를 희망한다.

— 모건 사이먼Morgan Simon

# 현실을
# 직시하라

세계 경제 시스템이라는 미명하에 지난 수 세기 동안 자행된 착취적 관행은 수많은 폐해를 초래했다. 또한 비효율적인 자선 활동은 지난 수십 년 동안 빈곤과 불평등의 지속을 공고히 한 경제 시스템의 구조적 문제를 은폐했다. 하지만 '임팩트 투자'라는 가능성 있는 금융 분야가 새롭게 등장하면서, 부조리한 세계 경제를 완전히 재구성할 수 있게 되었다.

임팩트 투자는 재무적 이익뿐만 아니라 사회적 편익을 위해 투자하는 행위이다. 다시 말해, 돈을 다루는 방식과 사회적·환경적 책임을 통합한 투자 기법으로, 사회 문제가 더 이상 사후 고려의 대상이 아니라는 점에서 자선 활동과는 확연히 다른 특징을 지니고 있다.

임팩트 투자가 대다수의 사람들에게 아직 생소한 개념일 수도 있다. 하지만 이미 수조 달러의 투자 규모가 형성된 분야이며, 세계적인 트렌드로 자리 잡은 분야이다. 한편 기존 자선 활동의 문제점을 그대로 답습할 위험에 처해 있기도 하다. 자선 활동의 문제점은 근본적인 구조 변화보다 문제 완화에만 초점을 맞춘 임시방편에 불과하다는 것과 실무에 기반한 전문성을 갖춘 사람보다 외부의 전문가를 리더로 영입한다는 것이다. 이러한 현상이 임팩트 투자 산업에서도 그대로 드러나고 있지만, 다행히 바로잡을 수 있는 기회가 남아 있다. 다시 말해, 장기적이고 체계적인 임팩트\*를 실제로 구현하고 동시에 임팩트의 대상인 지역 사회에 책임감을 가지고 적극적으로 개입함으로써, 임팩트 투자의 잠재력을 높일 수 있다.

각 세대마다 사회 변혁이 일어나기 마련이다. 사회 변혁은 완벽하지 않은 사람들이 모여 더 좋은 결과를 만들어가는 과정이라고 볼 수 있다. 우리는 오늘날 더 나은 사회와 환경을 위해 수조 달러의 자금이 투입되는 변혁을 맞이하고 있다. 즉, 자본의 사회적 역할을 중요시한다. 이 시점에서 우리가 할 수 있는 일은 무엇일까?

지난 20년 가까이 금융과 사회 정의를 포괄하는 분야에서 일

---

\*  Impact, 임팩트 투자에서 임팩트란, 사회적·환경적 성과를 뜻한다.

한 경험을 바탕으로 『우리가 세상을 바꿀 수 있다면』을 집필하게 되었다. 나는 이 분야에서 주도적인 역할을 한 4곳의 회사(책임감 있는 기부 연합Responsible Endowments Coalition, 토닉Toniic, 파이 인베스트먼트 Pi Investments, 트랜스폼 파이낸스Transform Finance)를 설립하고 1,500억 달러에 이르는 자금의 투자 방식과 투자처를 결정함으로써, 세상을 변화시키고자 노력했다. 그 결과 임팩트 투자에 대한 독특한 관점을 가지게 되었지만, 모든 해답을 얻었다고 주장하고 싶지는 않다. 다만 이 책을 통해 임팩트 투자에 관심 있는 사람들을 임팩트의 세계로 안내하고자 한다. 더불어 진정성과 책임감에 기반한 로드 맵을 제공하고, 더 나아가 장기적인 관점에서 다양한 문제를 해결하고자 한다.

임팩트 투자가 사회를 변혁시키기 위해 취해야 할 전략은 무엇일까? 인류가 가진 가장 위대한 자원 중 하나는 지적 자본이다. 이 지적 자본을 잘 활용해야 할 것이다.

최전방에서 고군분투하고 있는 사회 운동가와 지역 사회는 일반적인 사업 비용에 대한 이해도가 높으므로, 사회와 환경이 조화를 이루는 비전을 제시할 수 있다. 또 투자 실무 경험이 많은 투자자들은 목표를 달성하기 위해 거대 자본을 결집한 다음 효과적으로 활용하는 방법을 알고 있다. 각기 다른 성격을 지닌 두 집단의 힘을 하나로 모으고 힘의 균형을 보장하는 새로운 구조로 발전시킨다면, 보다 생산적이고 정의로운 경제를 건설할 수 있는 기회가 훨씬 많아질 것이다.

임팩트 투자는 현재 중요한 전환점을 지나고 있다. 임팩트 투자의 효과를 확실하게 얻고 싶다면, 실제로 좀처럼 어울리기 어려운 두 집단, 즉 사회 운동가와 투자자가 협업해야만 한다. 또 효율적인 권력 분립을 도모하는 구조적 혁신도 병행되어야 한다. 현실적인 측면에서는 물론 철학적인 측면에서도 두 집단은 서로를 필요로 한다. 그렇기 때문에 상호 간 목표를 설정하고 실질적 구조를 확립하고 나면, 굉장한 사회 변혁을 불러올 것이다. 사회 운동가와 투자자뿐만 아니라 평범한 모든 사람들도 사실상 세계 경제에 참여하고 있기 때문에, 기존의 경제 방정식을 바꾸고 공정한 세상을 만드는 데 일조할 수 있다.

『우리가 세상을 바꿀 수 있다면』의 1~2장에서는 이상주의적 행동 즉, 사회의 불의를 바로잡기 위해 애써온 개인적인 경험을 공유한다. 나는 국제 개발 기구에서 근무하면서 자선 사업의 한계를 인식하기 시작했다. 자선 사업은 장기적인 사회 구조 변화를 위한 동력으로 작용될 수 없다는 사실을 깨달았기 때문이다.

사회적·환경적 가치를 고양하려는 의도를 지닌 투자 방식들이 존재하긴 했지만, 대다수는 임팩트가 제한적이었다. 병증을 근본적으로 치료하는 것이 아닌 증상만 없애는 수준에 불과했다. 일부 프로젝트가 가난한 사람들의 금전적 상황을 약간 개선시킬 수 있었지만, 세계 경제 시스템의 불균형적인 권력 구조 문제를 해결하지 못한 것처럼 말이다.

반면에 투자, 특히 임팩트 투자는 보다 생산적이고 정의로운 세상을 만드는 데 굉장히 효과적일 뿐만 아니라 활용의 여지가 많은 도구라는 사실을 발견했다. 이 장에서는 임팩트 투자 산업에 대한 역사적 배경을 언급하고 몇 가지 방법으로 임팩트 투자를 정의 내리며, 임팩트 투자의 잠재력에 대해 더 깊이 생각할 수 있는 계기를 마련한다.

　3~4장에서는 임팩트 투자가 빈번히 잠재력을 극대화하지 못하는 이유를 마이크로파이낸스*의 사례를 통해 점검한다. 마이크로파이낸스는 빈곤 퇴치를 위한 제도이다. 한때 노벨상을 수상하기도 할 만큼 획기적인 아이디어였지만, 규모가 확장되자 방향성을 잃고 임팩트의 상당 부분이 소실되었다. 임팩트 투자도 현재 유사한 전환점에 위치해 있기 때문에 마이크로파이낸스의 역사에서 교훈을 찾을 수 있다. 임팩트 투자의 규모 확장에 따른 자본 증가 추세에 맞춰, 임팩트 역시 적절한 속도로 성장시키기 위한 구조적인 안내서가 필요하다는 사실을 일깨우고자 한다.

　몇몇 실무자들은 1~4장이 임팩트 투자의 결점만 지적하고

---

*　Microfinance. 사회적 취약 계층에게 무담보 소액 대출, 예금, 송금, 보험 등의 금융 서비스를 제공하는 사업이다. 마이크로파이낸스의 근본 취지는 금융 기관 접근이 어려운 사회적 취약 계층의 경제적 자립을 돕는 것이다. 무함마드 유누스Muhammad Yunus가 설립한 방글라데시Bangladesh의 그라민Grameen 은행이 대표적이며, 무함마드 유누스는 2006년 노벨평화상을 수상했다.

있다고 문제를 제기할 수도 있다. 그들의 말이 맞다. 다만 이러한 비판은 임팩트 투자가 지닌 결점을 더 명확하게 인식하는 것이 중요하다는 사실을 강조하기 위함이다.

임팩트 투자에 관여하는 사람들은 최선의 의도를 가지고 최선의 행동을 한다. 좋은 의도가 제도 및 절차 개혁의 방향으로 연결될 수 있도록 고무하기 위해서라도 비판을 서슴지 않아야 한다. 이 같은 개혁은 임팩트 실행에 더 많은 사람들이 참여하도록 이끌 것이고, 결과적으로 진정성 있는 임팩트 투자를 촉진할 것이다. 거듭 강조하건대, 비판은 새로운 아이디어와 기회를 향한 도약의 발판일 뿐이다.

5장에서는 새로운 임팩트 투자 모델과 일련의 원칙, 즉 트랜스폼 파이낸스 원칙을 제안한다. 확고한 원칙을 통해 부를 창출하는 동시에 구조적인 경제·정치·사회 변화를 만들어내는 임팩트 투자의 잠재력을 현실화할 수 있다. 또 트랜스폼 파이낸스 원칙을 기반으로 한 투자자와 지역 사회 간의 효율적인 대화 방식과 임팩트 투자를 이끌어가는 효과적인 방안을 설명한다.

6~9장에서는 트랜스폼 파이낸스 원칙을 실제로 적용한 특정 프로젝트들을 언급한다. 몇몇 프로젝트는 투자자들이 기존 경영 방식을 따를 때 발생하는 오류를 보여주기도 한다. 그러나 트랜스폼 파이낸스 원칙을 적용했을 때 달성할 수 있는 상당한 진전에 관한 고무적인 성공 사례가 더 많이 소개되어 있다. 투자자와 지역 사회 모두가 이익을 창출하는 방법으로 말이다.

10장에서는 트랜스폼 파이낸스 원칙을 적용한 파이 인베스트먼트의 업무를 설명한다. 그 예로, 프리츠커Pritzker 가문의 구성원을 대신해 프라이빗 에쿼티*부터 실물 자산에 이르기까지 다양한 자산군에 걸친 포트폴리오를 구축하는 데 도움을 주었던 내용이 나와 있다. 이 포트폴리오는 변혁적인 사회 변화를 꾀하는 자

* Private equity, 사모투자전문회사. 소수(50인 미만)의 투자자로부터 자금을 모아 주식 또는 기업 지분에 투자한 뒤, 경영 참여, 사업 구조 또는 지배 구조 개선 등의 방법을 통해 투자한 회사의 기업 가치를 제고하여 수익을 배분하는 것을 목적으로 하는 펀드를 의미한다.

산으로 100퍼센트 구성되어 있다. 특히 재단 및 패밀리 오피스*
와 같은 투자자들을 중점적으로 조명한다. 이를 통해 '어떤 종류
의 임팩트를 추구하며 그 이유는 무엇인가?', '사회적 가치와 재
무적 이익을 모두 중요하게 여긴다는 전제하에 이를 투자 포트폴
리오에 어떻게 구조화할 것인가?' 등의 문제를 탐구할 수 있다.

11장에서는 개인의 차원에서 일상적인 경제 활동을 통해 변
화를 일으키고자 하는 사람들을 위한 내용을 다룬다. 이를테면
은행 업무부터 퇴직 연금 제도의 투자 방식, 그리고 기업이나 조
직의 설립을 돕는 문제부터 사회 운동을 통해 소득을 창출하거나
경제적 행동주의에 관여하는 문제까지 아우른다.

당신이 사회 운동가이거나 체인지 메이커라면, 관심사(인종

---

* Family office, 초고액 자산가들의 자산 배분, 상속·증여, 세금 문제 등을 전담해 처리해주
는 업체를 뜻한다. '미국의 석유왕'이라고 불리는 록펠러가 1882년 '록펠러 패밀리 오피
스'를 설립한 이래 미국 및 유럽 등지에서 꾸준히 발전해왔다. 최소 1,000억 원 이상의 규
모를 운용하며 자산 운용사, 헤지 펀드, 자선 재단 등의 형태를 가진다. 특히 자산 관리뿐
만 아니라 노블레스 오블리주noblesse oblige를 실현시킬 수 있는 사회 공헌 활동 및 가문의
뜻과 전통을 중시한다는 점에서 단순히 자산 관리만 하는 프라이빗 뱅킹(PB)과 구별된다.

정의, 식량 공급, 기후 변화, 주거, 성차별, 소득 불평등 또는 이 모든 것)에 관계없이, 경제적인 요인이 인류와 지구에 지대한 영향을 미친다는 것을 잘 알고 있을 것이다. 그렇다면 이제 이 책을 통해 금융업계가 지역 사회와 환경에 해악이 되는 결정을 내리는 데 일조한다는 사실과 근본적인 사회 변혁을 위해서 금융업계의 힘을 활용할 수 있는 방법을 알게 될 것이다.

트랜스폼 파이낸스의 접근 방식은 작가 겸 사회 운동가인 오드레 로드Audre Lorde의 주장처럼 '주인의 도구로 주인의 집을 해체하려는 시도'가 아니라, 오히려 철학자 프란츠 파논Frantz Fanon의 말과 일치한다. "유색 인종으로서 내가 원하는 것은 하나이다. 도구는 결코 사람을 소유하지 않는다는 것." 전 세계의 지역 사회가 장기간 빼앗겼던 자원을 되찾을 수 있도록, 무역 및 투자의 관행을 활용한 새로운 방식으로 새로운 경제를 건설해야 한다.

경제에 관여한다는 것은 때때로 지저분하고 복잡하게 느껴질 수 있다. 그러나 이를 그냥 지나친다면, 경제 시스템이 초래하는 매일매일의 결과와 맞서 싸워야 하는 지역 사회를 방치하는 것과 같다. 우리 모두가 은연중에 경제 시스템에 참여하고 있다는 사실을 명심해야 한다.

경제 구조가 모두를 위한 번영의 수단으로, 그리고 아주 오랫동안 방치되었던 지역 사회와 그 구성원을 위한 변화의 메커니즘으로 전환할 수 있는 기회를 맞이했다. 즉, 수많은 사람들에게 도움을 줄 수 있는 경제 시스템을 마련할 수 있는 구조, 그리고 더 건강한 지구를 조성할 수 있는 구조를 창출할 기회가 주어진 것이다. 이 책을 통하여 자본의 힘에 새롭게 접근할 수 있길 바란다. 더불어 강력하고 긍정적인 경제·사회·환경 변화에 대해 생각하길 염원한다. 또한 야심에 찬 임팩트 투자자들이 더 넓은 지역 사회를 아우르는 임팩트 투자 산업을 형성하길 기원한다. 이때 변혁적인 변화가 아니라면 타협을 거부해야 할 것이다.

이 새로운 여정에 독자들을 초대하고자 한다. 혼란스럽고, 가슴 아프고, 강렬하고, 아름다운 여정이 될 것이다. 그리고 이 여정은 총체적 노력을 쏟기에 충분한 가치가 있다.

# 차례

# 01        자선 사업의
한계

　　미국은 '자유 시장은 사회 시스템 유지에 필요한 자원을 최적으로 배분한다.'라는 가정하에 세워진 국가이다. 이 가정은 자연스럽게 '시장 혹은 개인의 실패를 바로 잡는 최적의 방법은 정부 보조금과 자선기금이다.'라는 주장으로 이어진다. 즉, 생계유지를 위해서 일한 다음 남는 시간과 돈을 불우한 사람을 돕는 데 할애한다. 미국의 경제 역시 이와 동일한 방식으로 작동한다. 실질적인 가치를 생산하는 것이 우선이고, 개인이나 기업에게 잉여로 간주되는 것 중에서 일부만 남을 돕는 데 배분된다.

미국에서 태어나고 자란 나는 10대였을 때까지만 해도 미국의 경제 패러다임에 전혀 의심을 품지 않았다. 다만 사회 구조에 대한 분노를 느꼈고, 이를 자원봉사 활동으로 전환하고자 했다. 고등학교를 졸업할 무렵에는 교내에서 자원봉사에 가장 많이 참여한 학생으로 꼽히기도 했다. 특히 로스앤젤레스<sup>Los Angeles</sup> 시내에 거주하는 이민자 가족들과 친밀하게 지냈고, 유대 관계를 형성하며 그들을 위해 봉사하는 데 꽤 많은 시간을 보냈다. 그 과정에서 내가 아끼는 사람들이 교육, 주택, 일자리 등에서 나와 동일한 기회를 얻지 못하는 현실에 분개했다. 이후에도 자유 시장 경제가 가져온 실망스러운 결과를 끊임없이 목격했다. 그럼에도 불구하고 비영리 부문이나 공공 정책을 통한 적절한 개입이 현실의 문제를 개선할 수 있다고 생각했다. 심지어 비영리 부문과 공공정책이 해결 방안의 근원이라고 믿었다.

자선 사업 분야에서 10년 동안 일하고 난 후에야 이러한 나의 신념이 완전히 깨졌다. 자선 사업과 원조 사업이 불평등한 경제 시스템을 합법화하는 실체임을 깨달았기 때문이다. 결론부터 말하자면, 자선 사업과 원조 사업에 의존한 자유 시장 경제는 결코 인류의 번영과 복지를 창출하지 못한다.

자유 시장 경제의 실패는 임팩트 투자와 같은 새로운 해결책을 찾으려는 시도로 이어지고 있다. 여기서 주목해야 하는 바는 경제 시스템을 바라보는 문화적 태도가 실질적인 변화를 가져온다는 점이다. 다시 말해, 인류에게 더 나은 경제 시스템이 무엇인지 생각해 낼 수 있다면, 더 나은 경제 시스템을 구현하는 방법을 분명히 찾을 수 있다.

네덜란드 Netherlands, 브라질 Brazil, 쿠바 Cuba, 스웨덴 Sweden 등 미국과는 상당히 다른 경제적 관점을 가진 국가를 포함해 총 47개국에서 업무 경력을 쌓은 덕분에, 나는 세계 경제에서 새로운 시스템을 구상하는 것이 얼마나 어려운 일인지 충분히 이해하고 있다. 하지만 지금은 '망각의 학습*'이 필요한 때이다. 선입견으로 인해 현실적이지 못한 전략이라고 판단되더라도, 분명 배울 점이 있다고 생각하고 수용한다면 완전히 다른 경제 시스템을 구축할 수도 있다. 새로운 대안이 필요하다고 해서, 자선 사업 혹은 원조 사업이 무조건 나쁜 영향을 끼친다는 의미는 아니다. 자선 사업과 원조 사업도 분명 긍정적인 작용을 할 수 있는 잠재력이 있다. 그러나 현행 경제 시스템과 결부되어 있기 때문에 근본적인 경제 시스템의 변화를 만드는 데는 효과적이지 않다. 또한 자

* Unlearning, 새로운 지식이나 관행의 학습 효과를 높이기 위해 과거의 사고방식을 버리는 행위

원과 기회를 불평등하게 제공하는 기존의 경제 패러다임을 강화하는 측면도 존재한다.

## 참치 통조림 한 캔이 지닌 수많은 문제

본격적인 이야기를 시작하기 전에, 참치 통조림 한 캔이 자선 사업이나 원조 사업에 대한 나의 신념을 어떻게 무너뜨렸는지, 그리고 지난 수년간 세상은 왜 같은 실수를 반복하며 자선 사업이나 원조 사업을 고집하고 있는지 살펴보자.

2003년 여름, 20살이었던 나는 유엔UN: United Nations의 후원을 받은 특별 법원*의 지원으로 시에라리온Sierra Leone에서 일하고 있었다. 경제학과 정치학을 전공하고 국제 개발에 흥미를 가지고 있었던 내가 담당한 업무는 시에라리온에서 10년 동안 지속되고 있는 내전 상황을 파악하는 것이었다. 아쇼카 재단Ashoka Foundation의 조셉 라할Joseph Rahall이 이끄는 현지 비영리 단체 그린 시너리Green Scenery에 배치되었고, 정부가 후원하는 '나무 심기 프로젝

---

* 1996년 11월 30일 이후 그리고 시에라리온 내전 기간 동안 시에라리온 내 '국제 인도법과 시에라리온법의 중대한 위반에 가장 큰 책임을 지는 자'를 기소하기 위해 시에라리온 정부와 유엔이 설치한 사법 기관

트'를 평가하고 개선 방안을 제안하는 일이 배정되었다. 장작은 현지인들이 살아가는 데 꼭 필요한 주요 연료였다. 그래서 식목, 특히 빠른 식목 작업은 정부 차원에서 진행하는 우선순위가 높은 일이었다. 그럼에도 불구하고 착수한 지 얼마 안 된 나무 심기 프로젝트는 실패할 위기에 처해 있었다.

인권 옹호 업무를 담당하지는 않았지만, 일을 하는 내내 인권에 대해 고민할 수밖에 없었다. 생계를 위해 장작을 주우러 나간 여성들이 타인의 공격을 우려해야 할 만큼 안전이 보장되지 못한 곳이 시에라리온이었기 때문이다. 특히 시골 주민들은 오후 3시쯤에 채소와 말린 생선을 곁들인 한 끼를 겨우 먹을 정도로 극심한 빈곤이 만연해 있었다. 조금 더 안전한 도시와 해안 지역에 삶의 터전을 잡으려는 주민들의 대규모 이주가 발생했고, 전쟁 중에 행해진 심각한 과잉 벌목으로 인해 장작을 구하기 위해서는 주민들이 하루 평균 6시간을 걸어야만 하는 상황이었다.

열악한 환경을 가진 시에라리온에서 일을 하게 된 나 역시 미국에서 섭취하던 칼로리보다 훨씬 적은 칼로리의 음식을 먹으며 지내고 있었다. 시에라리온 동남부에 있는 도시 보<sup>Bo</sup>에서 점심을 먹기 위해 길거리에 있는 상점에 들어갔다. 메뉴는 밥과 채소, 말린 생선이 담겨 있는 음식이었고 가격은 한 접시에 500레온, 미화로 20센트 정도였다. 이곳에서 평범하게 접할 수 있는 메뉴와 가격대였다. 나는 종종 여행을 떠나기 전에 필요한 음식을 사기 위해 현지 시장을 찾기도 했고, 위트빅스*와 간식을 사서 하루에 최소 두 끼는 챙겨 먹었다. 현지인은 아마 상상하기도 어려운 엄청난 사치일 것이다.

그러던 어느 날, 길을 걷다가 노점상의 수레 안에서 반짝이고 있는 무언가가 눈에 들어왔다. 바로 참치 통조림이었다. 참치 통조림을 보자마자 참치 샌드위치를 만들 수 있다는 생각에 매우 흥분했다. 반가운 마음으로 참치 통조림을 집어 들자, 캔 위에 선명하게 쓰여진 문구가 보였다. '세계식량계획: 비매품, 일본 정부의 기증품.' 노점상 주인에게 가격을 물었다. 2,500레온, 즉 1달러가 조금 넘는 금액이었다. 나는 비매품이라고 적혀 있는 라벨을 가리키며, 참치 통조림을 어디서 구했는지 되물었다. 그녀는 미소를 지으며 자신이 3개 국어에 능통하지만 라벨에 적혀 있는 글은 읽지 못한다고 대답했다. 그리고 오직 내가 참치 통조림을 구입할 것인지에만 관심을 가졌다. 수완이 뛰어난 노점상 주인으로부터 결국 참치 통조림을 샀다. 내가 지불한 2,500레온으로 그녀는 자신과 아이들을 위한 음식을 5접시나 살 수 있었을 것이다.

합리적 경제학**으로 접근했을 때, 노점상 주인 입장에서는

---

*    Weet-Bix, 시리얼의 한 종류
**   Rational economics, 모든 시장 참여자들이 합리적으로 행동한다는 '합리적 기대 가설'에 기반한 거시 경제학. 경제 정책을 실제로 실행했을 때 예측 가능한 정책이라면 기대했던 효과를 거두기 힘들다는 특징을 지녔다.

참치 통조림을 판매한 것이 본인에게 주어진 여건하에서 행할 수 있는 최고의 선택일 것이다. 비매품인 참치 통조림에 2,500레온을 지불할 수 있는 현지인은 없다. 운 좋게도 미국 달러로 급여를 받아서 참치 통조림을 살 수 있는 충분한 가처분 소득이 있는 비영리 단체 봉사자인 나에게 상품을 판매할 수 있었다. 일본 정부는 잉여 상품으로 분류된 참치 통조림을 세계식량계획<sup>WFP: World Food Program*</sup>에 기부했고, 참치 통조림은 굶주린 사람에게 전달되기 위해 지구를 반 바퀴 이상 돌아 시에라리온에 운송되었다. 하지만 세상 물정에 밝은 현지인이 비영리 단체 봉사자이자 미국인에게 참치 통조림을 판매했다. 이로써 현지인은 참치 통조림의 칼로리보다 35배 더 높은 칼로리를 섭취할 수 있었다.

나는 울퉁불퉁한 도로 위를 지나 숙소로 돌아오는 길에 깊은 생각에 잠겼다. 원조 사업이 본래 의도한 참치 통조림의 수혜자인 현지인이 받은 경제적 가치를 일본<sup>Japan</sup>의 어부, 도쿄<sup>Tokyo</sup>의 정부 관료, 로마와 시에라리온의 수도 프리타운<sup>Freetown</sup>의 세계식량계획 사무국장 등의 사람들이 받은 혜택과 비교했을 때, 전자보다 후자가 얻은 이득이 수백 배에 달한다는 결론에 도달했다. 계속 비영리 단체 봉사자로 살아간다면, 내 업무는 권력을 가지

* 식량 원조를 통해 개발 도상국의 발전을 도모하기 위해 설립한 유엔 기구로, 본부는 이탈리아<sup>Italy</sup> 로마<sup>Rome</sup>에 있다.

지 못한 사람들보다 권력을 가지고 있는 사람들을 위한 가치를 창출하는 데 치우칠 것이라는 사실이 분명해졌다.


## 원조 사업의 구조적 한계

참치 통조림 이야기는 원조 사업이 처한 거시적인 시험대의 축소판이다. 원조 사업의 모순은 '문제'를 처음부터 다루지 않는 다는 것이다. 원조 사업에 쓰일 재원은 경제 시스템의 수정 메커 니즘 및 후속 대책으로만 고려된다. 하지만 수정 메커니즘은 실 제로는 역할이 거의 없는 것과 다름없다. 세계 경제 규모를 물동 이로 가정했을 때, 정부의 원조, 공적 및 자선 사업 등이 제공하는 재화와 서비스 가치, 현금의 규모는 물 한 방울에도 미치지 못하 는 수준이다. 원조 사업은 사람들에게 실질적인 도움과 충분한 재원을 제공할 수 없다. 그러므로 인류의 후손들과 그 후손들의 후손들에게 더 나은 삶을 보장할 수 있는 경제를 마련하는 것이 불가능하다.

미국의 자선 단체들은 매년 약 460억 달러를 기부한다. 물론 많은 액수이다. 하지만 매일 196조 달러가 세계 경제 안에서 순 환하고 있다는 사실을 감안하면 그리 큰돈이 아니다. 이는 바다 에 4,268평방마일의 기름 유출이 일어났는데, 1평방마일의 종이 타월로 이 기름을 닦는 것과 같다.[1] 문제는 또 있다. 자선 단체의 기부금 중 12퍼센트만 사회 정의를 실현하는 사업을 지원하는 데 쓰인다.[2] 나머지 88퍼센트는 오페라 공연이나 발레 공연 혹은 대학 건물의 벽면을 칠하는 작업 등에 사용된다. 예술과 교육이 중요하지 않다는 의미가 아니다. 기부금의 대부분이 이미 부유한 기관이나 부자들을 돕는 기관, 지구상에서 가장 풍족한 국가에 위치한 기관으로 흘러가고 있다는 사실을 각성해야 한다.

미국의 재단은 매년 활용 가능한 재원의 최소 5퍼센트 이상을 기부해야 하는 법적 의무가 있다. 물론 나머지 95퍼센트의 재원이 더 많은 기부를 하기 위한 수익을 창출하는 데 목적을 두어야 한다거나, 강령과 관계가 있어야 한다는 법적 요구는 없다.[3] 다시 말해, 재무적 활동의 95퍼센트는 명시된 강령과 부합하지 않게 운영해도 상관없다는 뜻이다. 예를 들어, 석유 회사 사장이 자신의 시간 중 95퍼센트를 골프 연습에 쓰고 나머지 5퍼센트를 석유 탐사에 쓰고 있다고 가정해보자. 또 오전 9시부터 오후 5시까지 근무해야 하는 회사원이 하루에 오직 24분 동안만 사무실에서 일한다고 가정해보자. 상식적인 선에서 생각했을 때, 석유 회사 사장과 회사원은 모두 해고당해야 하지 않을까? 하지만 자선 단체라면 이는 전혀 문제가 되지 않는다. 법적 의무인 5퍼센트의 요구는 지켰기 때문이다.

변화의 속도가 더디기는 하지만, 다행히도 자선 사업이나 원조 사업이 지닌 거대한 허점을 노출시키고 해결책을 강구하기 위한 시도는 계속되고 있다. 『로스앤젤레스 타임스Los Angeles Times』는 게이츠 재단Gates Foundation의 자선 사업이 지닌 역설적 문제를 생생하게 묘사한 폭로성 기사를 연재하며, 투자 활동과 자선 활동 간 연계의 필요성을 제기했다. 첫 번째 기사 제목은 '게이츠 재단의 선행에 드리운 먹구름'이었다. 게이츠 재단의 자선 활동과 나이저강 삼각주 지역에서 행한 투자 활동의 상반된 영향을 점검한 내용이었다.

이에 따르면, 게이츠 재단은 나이저강 삼각주 지역을 포함한 전 세계 사람들의 소아마비와 홍역에 대한 면역 조치 및 기초 연구에 2억 1,800만 달러를 쏟아부으며, 건강 보호를 위한 예방 접종에 재정적 지원을 했다. 하지만 동시에 에니Eni, 로얄 더치 쉘Royal Dutch Shell, 엑슨 모빌Exxon Mobil Corp, 쉐브론Chevron Corp, 토탈Total 등의 석유 회사에 4억 2,300만 달러를 투자했다.[4] 이 석유 회사들은 미국이나 유럽 내에서는 허용되지 않을 수준의 오염 물질을 나이저강 삼각주 지역에 배출하고 있으며, 이 지역을 뒤덮고 있는 화염에 책임이 있다고 덧붙였다. 게이츠 재단은 마치 자동차 회사를 설립한 다음 생산된 자동차를 불도저 2대로 파괴하는 것과 다름없는 행위를 하고 있는 것이다. 게이츠 재단뿐만 아니라 대부분의 자선 단체의 실태이기도 했다. 착취적인 경제 구조에 투자해서 돈을 벌어들인 다음, 95퍼센트의 돈으로부터 야기된 문제를 해결하기 위해 나머지 5퍼센트를 기부하는 셈이다.

그 후 수년이 지난 오늘날의 게이츠 재단은 상당히 적극적인 임팩트 투자자가 되었다. 하지만 안타깝게도 대다수의 자선 단체는 여전히 과거의 게이츠 재단과 비슷한 상태에 머물러 있다. 그렇다면 이러한 문제를 개선할 수 있는 대안은 무엇일까? 마치 다윗과 골리앗의 싸움과 같은 상황에서 우리가 해야 하는 일은 무엇일까? 여기에 대답하고자 한다면 도움이 되는 말이 있다. "바보야, 문제는 경제야!"* 5

---

* It's the economy, stupid. 1992년 미국 대선 캠페인에서 당시 빌 클린턴Bill Clinton 후보의 전략가였던 제임스 카빌James Carville이 만든 문구

# 02

# 경제적 행동주의가
# 지닌 영향력

          참치 통조림 한 캔으로 인해 자선 사업과 원조 사업의 한계를 인식한 이후, 나는 임팩트 투자라는 새로운 길로 들어서게 되었다. 임팩트 투자에 더 효과적으로 관여할 수 있는 방법을 고민하기 시작했다. 나는 무슨 일이든 할 수 있고, 어떤 문제라도 해결할 수 있다는 교육을 받은 백인 여성이었다. 이 오만함은 삶의 자양분이 되기도 했다. 결코 크게 실패하지 않을 것이라는 자신감이 나의 기업가 정신에 많은 영향을 끼쳤으니 말이다. 그러나 개인 차원의 행동으로 얻을 수 있는 임팩트 투자의 효율성은 한계가 있다.

이때는 두 가지 현실을 점검해야 한다. 첫째, 사회 운동가(특히 상대적으로 특권층에 속한)는 수혜자 집단으로부터 배워야 한다는 점이다. 사회 운동가가 가진 전문 지식이 사회적 활동에 기여할 수도 있다. 하지만 보다 객관성을 가지고 전후 사정을 적절하게 고려하기 위해서는 수혜자 집단의 역할이 중요하다. 설령 전문 지식이 있더라도 수혜자 집단이 필요한 것에 대한 우선순위를 혼자 결정할 수 없으며, 다 함께 협력해서 풀어야 할 문제를 해결하기 위해 독자적으로 행동해서는 안 된다. 둘째, 고장 난 경제 시스템 내에서 이루어지는 개인적인 행동의 효과는 한계가 있는 법이다. 때로는 시스템 자체를 바꿔야 할 필요가 있다. 시스템을 바꾸려면 먼저 문제의 핵심을 파악한 다음, 바로 문제 해결에 착수해야 한다는 사실도 잊어서는 안 된다.

이러한 현실을 마음에 새기고 나서야 개발 도상국이나 미국의 빈곤층에게 도움을 주고자 했던 나의 행동들이 쓸모없는 행동이었다는 사실을 인정하게 되었다. 가장 도움을 필요로 하는 곳이 어디인지, 또 가장 효과적인 변화를 가져올 수 있는 방법이 무엇인지조차 파악하지 않은 채, '도움이 필요한 사람들이 실제로 필요한 것'보다 '도움을 주는 사람들이 생각하기에 흥미로운 것'

에 집중하는 경우가 많았던 것이다. 또한 원조 사업을 통해 해결되기를 바랐던 식량, 물, 주택, 교육, 위생 등의 문제들이 주로 경제 강대국이나 미국에서 만든 정책 또는 거대 기업들에 의해 야기되고 있다는 사실도 자각했다.

에콰도르Ecuador에서 사업을 하는 미국 석유 회사 때문에 에콰도르의 환경은 물론 현지인들의 건강에 문제가 생겼고, 이를 돕고 싶다고 가정해보자. 현지인보다 문제를 잘 해결할 수 있다는 생각으로 에콰도르행 비행기를 타는 선택은 실질적인 도움을 주지 못할 것이다. 펜실베이니아Pennsylvania 교외에 사는 미국인 대학생으로서, 에콰도르에 실질적인 도움을 줄 수 있는 가장 좋은 방법은 미국 석유 회사가 일으킨 문제를 회사 차원에서 해결하도록 만드는 것이었다. 말처럼 쉬운 일은 아니지만, 각 국가의 정치인이나 기업에 대해 아주 작긴 하지만 분명하게 행사할 수 있는 영향력을 개인이 지니고 있다는 사실을 명심해야 한다.


## 알려지지 않은 억만장자의 국가

사회 운동가가 캠페인에 착수할 때, 가장 먼저 상황을 바꿀 권력을 가진 자가 누구인지 가려내는 권력 분석을 실시한다. 그다음 권력의 중심에 영향력을 실제로 행사할 수 있는 대상과 요인을 고려한다. 이때 한 명의 사람 혹은 하나의 기관에 권력이 집중되지 않도록 권력 구조를 단번에 변화시킬 수 있다면 가장 이상적이겠지만, 대개는 작은 정책적 승리가 거듭될 때 변화가 일어난다. 불가피하게도 권력 지도는 돈으로 얼룩져 있는 경우가 많다. 그렇다면 다음과 같은 질문을 할 필요가 있다. 유해한 행위를 통해 이익을 얻는 자는 누구인가? 유해한 행위를 유지하는 상황이 더 이상 이익이 되지 않도록 전환시키기 위해서 필요한 것이 무엇인가? 유해한 행위의 당사자가 의사 결정을 할 때, 재무적 순이익이 아닌 다른 요소들이 우선순위가 되도록 만드는 데 도움되는 것은 무엇인가?

부의 편중 현상을 떠올리는 것 자체가 고통스럽다는 이유로, 사람들은 투자가 경제 시스템에 미치는 영향에 대해 논하는 것을 피하려고 한다. 하지만 투자 기관이 법적으로 누구를 위해 일을 하고 있으며 누가 그 투자 기관에 영향력을 행사할 수 있는지 고려한다면, 투자가 경제 시스템에 미치는 영향은 더 이상 삶과 동떨어진 주제가 아니다.

결론부터 말하자면, 정작 자신은 모르고 있지만 당신은 이미 억만장자일 수도 있다. 그 이유는 다음과 같다. 내가 다녔던 스와스모어 칼리지Swarthmore College는 20억 달러에 가까운 기부금을 보유하고 있었다.[1] 스와스모어 칼리지는 비영리 기관으로, 교육적인 사명에 충실하고 학생들에게 봉사하기 위해 자금을 투자해야 할 법적 의무가 있다. 이 법적 의무는 캘리포니아공무원연금CalP-ERS: California Public Employee Retirement System이나 뉴욕공무원연금NYCERS: New York City Employee Retirement System의 법적 의무와 크게 다를 바 없다. 캘리포니아공무원연금은 캘리포니아California 교사들을 위해 약 3,000억 달러에 이르는 연금을 운용하고 있으며, 뉴욕공무원연금은 약 470억 달러에 달하는 뉴욕New York 공무원들의 연금 운용을 책임지고 있다.[2] 이는 대형 금융 기관에 계좌를 가진 미국인이라면 최소 10억 달러를 투자하는 금융 기관과 연결되어 있다는 의미이다. 따라서 경제 시스템 내에서 돈의 움직임에 영향을 미칠 수 있으므로, 우리 모두는 억만장자라고 볼 수 있다. 이 연결고리를 어떻게 활용할지는 개인의 선택에 달려 있다.

## 개인의 힘이 모여 이루어낸 변화

나는 2007년 애틀랜타Atlanta에서 열린 최초의 미국사회포럼USSF: United States Social Forum에서 임팩트 투자에 대한 워크숍을 진행하게 되었다. 미국사회포럼은 세계사회포럼WSF: World Social Forum에서 파생된 사회 운동가들의 모임이었다. 당시에는 임팩트 투자를 향한 대중적 관심이 미미했기 때문에, 말 그대로 지하실에서 워크숍이 열렸으며 사전에 참석자도 알 수 없었다.

워크숍 장소에 들어서자, 젊고 부유한 사람들이 모여 사회 정의 실현을 지원하는 진보적 단체 리소스 제너레이션Resource Generation의 백인 회원 5명이 맨 앞줄에 앉은 채 무릎 위에 노트북을 올려 놓고 있었다. 나와 비슷한 목적을 가진 사람들과 유의미한 대화를 나눌 수 있다는 희망이 생겼다.

약 10분이 지나자, 국제서비스노동조합SEIU: Service Employees International Union이라는 글씨가 쓰여 있는 보라색 셔츠를 입은 30명 남짓의 흑인 여성들이 들어왔다. 이 소규모 포럼에 참석하기 위해 텍사스Texas에서 애틀랜타까지 버스를 타고 왔다고 했다. 이들은 단 한 번도 백만장자가 되는 꿈을 가져본 적이 없지만, 자신들의 연금 펀드가 새로운 힘의 원천이 될 수 있다는 사실을 깨닫게 되었다고 말했다. 국제서비스노동조합이 구체적으로 무슨 일을 하고 있는지 궁금해했고, 국제서비스노동조합이 투자자로서 가지고 있는 집단적인 영향력에 대해 적극적으로 알고 싶어 했다. 그녀들은 텍사스에서 간호사로 일하면서 약 25달러의 시급을 벌고 있었지만, 사실상 국제서비스노동조합이 관리하는 1조 달러의 연금 펀드와 연결되어 있었다.[3] 따라서 리소스 제너레이션으로 대표되는 젊고 부유한 개인들이 가지고 있는 힘보다 훨씬 더 거대한 힘을 가지고 있었다.

좀처럼 연관성이 없어 보이는 두 그룹이 모여 대화를 나누기 시작했다. 약자에게 유리하게 작용될 수 없다고 치부했던 금융 세계를 효과적으로 이용한다면, 고착화된 불평등 문제를 해결하고 세상을 바꿀 수도 있다는 희망을 확인한 순간이었다.

다른 일화도 있다. 소득이나 자산의 규모가 적었던 대학생 시절, 내가 금융 세계에 행사할 수 있는 권력은 나를 대신해서 투자를 하는 투자 기관에 집중되어 있었다. 스와스모어 칼리지 역시 다른 기관들과 마찬가지로 전 산업 부문에 걸쳐 투자를 했다. 대학이나 노조와 같은 대규모 기관에서 행해지는 전형적인 형태의 기부를 비롯해 사설 교도소, 석유 혹은 가스 회사, 군수 산업체, 살충제 회사 등에 투자를 한 것이다. 이처럼 대규모 기관에서 행해지는 투자는 수익자의 가치관에 완전히 반할 수도 있다. 게다가 수혜자의 가치관을 전혀 고려하지 않은 채 투자가 이루어진다는 문제도 빼놓을 수 없다.

사회 운동가로서 참담한 현실을 직시한 이후부터, 나는 더 이상 교내 카페에서 공정 무역으로 생산된 원두로 만든 커피를 판매하고, 교내 상점에서 노동 착취 없이 제작된 셔츠를 판매하도록 투쟁하는 데에만 만족할 수 없었다. 이러한 캠페인들도 중요하지만, 스와스모어 칼리지의 예산 규모를 감안했을 때 교내 카페 개선에 필요한 자금은 예산에 비하면 극히 적었다. 연간 1만 달러의 지출에 영향력을 행사하고 싶은지 혹은 10억 달러의 투자에 영향력을 행사하고 싶은지 생각했을 때, 후자를 선택한 것이다.

나는 학교 기부금의 사회적·환경적 성격을 감시하고 향상시키는 데 목적을 둔 교내 사회책임투자위원회Committee on Socially Responsible Investment 활동에 동참하기로 했다. 입회한 첫해에 스와스모어 칼리지가 투자한 미국 거대 방위 산업체 록히드 마틴Lockheed Martin에 주주 결의안을 제출할 것을 제안했다. 주주 결의안은 모든 주주 앞에서 기업이 특정한 조치를 취하도록 요구하는 성명으로, 주주가 주식을 포기하거나 매도하지 않으면서도 기업을 상대로 할 수 있는 가장 강력한 조치로 간주된다. 기업이 가장 중요하게 여기는 투자자들에게 기업의 치부가 갑자기 드러날 수 있기 때문이다.

당시 록히드 마틴은 사내 성 소수자에 대한 부당한 처우를 묵인한 전력이 있었다. 미국 경제 전문지 『포춘Fortune』이 선정한 세계 100대 기업 중 차별금지정책에 개인의 성적 지향을 보호해야 한다는 조항을 포함하고 있지 않은 몇몇 기업 중 하나가 록히드 마틴이었다. 2001년 사내 동성애자권리단체 글로벌GLOBAL: Gay, Lesbian or Bisexual at Lockheed*은 록히드 마틴에서 근무하는 동성애자 직원들의 책상에 불쾌한 내용이 담긴 익명의 메모가 정기적으로 놓여져 있는 실태를 보고했다. 동성애자 직원들은 주 정부 법에

---

* 당시에는 성적 지향을 총칭하는 개념인 'LGBTQLesbian, Gay, Bisexual, Transgender, Queer'라는 용어가 잘 알려지기 전이었다.

의해 동성애자 차별을 금지하고 있는 캘리포니아 지사로 사내 이동을 시도하곤 했다.

개인의 성적 지향에 기반한 차별이 빈번하게 발생하고 있음을 알게 된 이후, 사회책임투자위원회는 이를 해결할 수 있는 조치를 취하기로 결정했다. 먼저 록히드 마틴의 글로벌과 접촉했고, 기업의 책임을 독려하고자 하는 주주 결의안이 실질적으로 도움이 될 수 있는지 물었다. 그들은 사회책임투자위원회의 개입에 대해 적극적으로 찬성했다. 마침내 2001년 가을, 록히드 마틴의 차별금지정책에 개인의 성적 지향을 보호해야 한다는 조항을 추가할 것을 요구하는 내용이 포함된 주주 결의안을 제출했다.

2002년 4월, 나는 스와스모어 칼리지의 재무 담당 이사와 함께 태양이 작열하는 샌디에이고San Diego에서 열리는 록히드 마틴의 연례 주주 총회로 향했다. 60대 후반의 재무 담당 이사인 폴 애슬래니언Paul Aslanian은 머리가 희끗희끗한 백인이었다. 그야말로 금융 세계가 가진 고정 관념을 완벽하게 만족시키는 전형적인 기득권의 조건을 지닌 사람이었다. 그와 함께 주주 총회에 참석한 나는 록히드 마틴의 경영진과 이사진 앞에서 발표를 했던 사람 중 가장 어린 19살의 대학생이었다. 우리 둘의 조합은 꽤나 볼 만한 광경이었을 것이다.

나이로 인한 차별이나 성차별은 종종 내 인생을 힘들게 했던 요인으로 작용했지만, 그 순간만큼은 전통적인 기득권을 대표하는 연배 있는 남성이 한 젊은 여성의 목소리를 강력하게 지지하고 있었다. 이는 사람들의 관심을 환기시키는 데 보탬이 되었고, 궁극적으로 우리의 주장이 설득력 있게 작용할 수 있는 요인이 되었다.

나는 기업이 모든 직원을 공평하게 대해야 하는 이유를 2분 동안 열정적으로 설명했다. 도덕적 관점으로 당연히 옳은 일이라고 강조했고, 재무적 관점으로도 고용 인력의 10퍼센트 정도에 해당하는 동성애자 직원들을 모욕하는 것은 결코 현명하지 못한 사업적 결정이라고 덧붙였다.

그때 록히드 마틴의 CEO는 주주 결의안의 내용에 대해 다음과 같이 대답했다. "차별금지정책에 개인의 성적 지향성을 포함해야 한다면 갈색 눈과 파란색 눈을 가진 사람들까지 일일이 나열해야 할 것이고, 결국 추가해야 할 사항은 끝도 없이 늘어날 것입니다." 폴 애슬래니언에게 마지막 반론의 기회가 주어졌다. 그는 CEO의 눈을 바라보며 "나에게는 각각 갈색 눈과 파란색 눈을 가진 손녀들이 있습니다. 이 아이들이 눈동자의 색깔에 따라 차별을 받을지도 모른다는 걱정을 하지는 않습니다. 그러나 둘 중 하나라도 동성애자가 되어 록히드 마틴에서 일을 하게 된다면 차별을 받을 것 같아 걱정이 되네요."라고 말했다. 이 발언 이후 우리는 검은색 정장을 입은 보안 요원들에 의해 밖으로 끌려 나갔다. 그와 나는 이 강압적인 대처가 우리가 제대로 된 일을 하고 있다는 사실을 증명하는 것이라는 농담을 주고받기도 했다.

록히드 마틴의 CEO가 꽤나 부정적으로 대응하긴 했지만, 기업 차원에서는 쉽사리 넘길 수 있는 사안이 아니었을 것이다. 1970년대와 1980년대 행해진 남아프리카 공화국 Republic of South Africa의 반인종차별정책 이후 처음으로 학생 주도로 주주 결의안을 공포한 것에 대해 폭스 뉴스 Fox News부터 AP 통신에 이르기까지 모든 언론에서 다루다 보니 대중적 관심이 쏠려 있었기 때문이다.[4]

그해 가을, 록히드 마틴이 차별금지정책에 개인의 성적 지향에 관한 조항을 포함시키겠다고 『워싱턴 포스트 The Washington Post』를 통해 발표했다.[5] 뿐만 아니라 이성 커플에게만 주어졌던 '동거인 파트너십 혜택'을 동성 커플에게도 제공할 것이라고 밝혔다. 주주 결의안을 제출하자는 이야기를 꺼낸 지 약 1년 만에 괄목할 만한 성과를 낸 것이다. 동종 업계에 속한 다른 기업들과 비슷한 혜택을 제시해야 한다는 압박, 주주 결의안, 수년간 이어진 록히드 마틴 직원들의 노력이 모여 만들어낸 성과였다.

한 기업과의 대결에서 승리한 결과를 바탕으로, 나는 다른 기업들도 동일한 관행을 채택하도록 만드는 일에 앞장서기로 했다. 스와스모어 칼리지의 투자 포트폴리오에서 차별금지정책에 개인의 성적 지향에 관한 조항을 포함하지 않은 페덱스 FedEx, 도버 Dover, 마스코 Masco Corp에 다음과 같은 서신을 보냈다.

친애하는 ○○ 관계자님께

스와스모어 칼리지의 주주 결의안을 받은 록히드 마틴이 최근 차별금
지정책에 개인의 성적 지향을 보호해야 한다는 조항을 추가하는 것은
물론 동성애자 직원에게도 이성애자 직원에게만 제공되었던 동거인
파트너십 혜택을 동일하게 적용하겠다고 발표한 사실을 알고 계실 것
입니다. 아시다시피, 스와스모어 칼리지는 이와 같은 정책을 시행하지
않는 귀사의 주식을 소유하고 있습니다. 차별금지정책에 개인의 성적
지향에 대한 조항을 반영하실 것인지, 아니면 스와스모어 칼리지가 주
주 결의안을 제출하고 후속 기사를 위해 『워싱턴 포스트』에 다시 전화
를 걸어야 할지에 대해 귀사의 답변을 기다립니다.

10억 달러에 이르는 교내 기부금 중 일부의 자금으로 귀사의 주식을 보
유하고 있는 학생들과 스와스모어 칼리지를 대표하는 재무 담당 이사
로부터

마침내 3곳의 회사로부터 1개월 내에 차별금지정책을 개정
하겠다는 회신을 받을 수 있었다.[6] 모든 주주 행동주의가 이처럼
쉽게 가시적 성과를 낼 수 없다는 것을 알고 있다. 하지만 불과

1년 만에 소수의 대학생들이 『포춘』이 선정한 세계 500대 기업 중 4곳의 정책을 바꾸는 데 성공한 과정을 통해 재무적 압박이 얼마나 강력한 힘을 발휘할 수 있는지 체감했다.

더불어 변화를 만들고 싶어 하는 수많은 청년들과 놀라운 경험을 공유할 수 있다는 사실에 감격했다. 뉴스 보도를 본 학생들은 사회책임투자위원회의 아이디어에 열광했고, 전국 도처에서 연락이 오기 시작했다. 이들 중 5명이 모여 책임감 있는 기부금 연합REC: Responsible Endowments Coalition을 탄생시켰다. 책임감 있는 기부금 연합은 560억 달러의 자금에 영향을 끼칠 수 있는 22개 대학교에 재학 중인 학생들을 한곳으로 모았다.[7] 나는 집행 위원으로 일했던 3년 6개월 동안, 100개 이상의 대학에서 전국 단위의 사회 운동을 전개하며 총 1,500억 달러 이상의 자금에 영향을 미쳤다. 2004년에 창립된 책임감 있는 기부금 연합은 현재까지도 적극적으로 사회 운동을 이어가고 있으며, 지역 사회 투자, 녹색 대출 및 펀드, 사설 교도소 주식 매각 등 다양한 사회 운동을 지원하며 점차 활동 영역을 확장하고 있다. 또한 드림 디펜더스Dream Defenders*와 350.org**와 같은 진보적 청년 단체의 핵심 파트너가 되었다.

---

•     경찰과 교도소, 특히 사립 교도소를 종식시키는 것을 목표로 하는 사회 운동 단체
••    기후 위기를 해결하는 데 목적을 둔 국제 환경 기구

## 임팩트 투자의 정의

본격적으로 임팩트 투자에 대해 알아볼 차례이다. 임팩트 투자는 돈과 가치관을 연계하는 시도이며, 사회적·환경적 결과를 고려하고 수익도 창출하는 투자이다. 단순해 보이지만 사실은 매우 강력한 개념으로, 자선 활동과 경제 활동을 분리하는 것에서 비롯된 문제의 정곡을 찌르고 있다. 즉, 자선 사업의 연간 예산인 460억 달러의 쓰임을 궁리하기보다 세계 경제에서 매일 순환하는 196조 달러를 사회 정의를 위해 활용하고자 한다.

임팩트 투자는 비즈니스, 즉 '인류와 지구를 파괴하는 힘이라고 생각되는 것'과 박애, 즉 '전통적인 경제 시스템에서 인류를 구하기 위해 남겨 놓은 부분'으로 세상을 단순하게 구분한 다음, 둘 중에 어느 한쪽을 배제한 채로 빈곤과 싸우려고 하지 않는다. 그 대신 최대한의 노력을 쏟아부어 사회가 지니고 있는 자원을 모아, 지속 가능하고 생산적이며 공정한 경제를 건설하고자 한다. 예를 들어, 화석 연료 생산에 자금을 투자하는 대신 화석 연료로부터 탈피하려는 재생 에너지 개발에 자금을 공급하는 방식을 택하는 것이다. 또 약탈 행위에 연루되어 있는 은행에 돈을 예치하는 대신 중소기업과 저소득층에 주택 공급을 지원하는 지역 사회 기반의 금융 기관에 저축하는 방식을 택하는 것이다. 그리고 이는 투자자로서 투자 기관(연금 펀드, 은행, 재단 등 어떤 기관이든지 상관없이)에 책임을 물을 수 있다는 의미이다. 투자 기관은 투자 헌장, 내규 또는 강령 등에 의해 구성원의 명시적 이익을 위해 투자할 의무가 있기 때문이다.

임팩트 투자라는 용어는 록펠러 재단Rockefeller Foundation이 처음으로 사용하고 대중화했다. 록펠러 재단은 자선 사업가와 투자자 모두에게 임팩트 투자의 잠재력에 대해 끊임없이 교육해 왔다.[8] 임팩트 투자가 등장하기 전에도, 주주 행동주의, 스크리닝* 등 상장 주식 내에서 사회적·환경적 가치를 추구하는 다양한 방법이 존재했다. 하지만 2007년에 경제 전반으로 영향력을 확장할 수 있는 임팩트 투자의 기틀이 마련되었고, 이는 새로운 움직임의 시작을 알리며 본격적으로 사회적·환경적 가치를 추구할 수 있게 되었다.[9]

시간을 조금 더 거슬러 올라가 임팩트 투자의 역사를 알아보자. 임팩트 투자의 기원은 1758년 노예 무역에 대한 투자를 거부하는 것으로 시작된 퀘이커 교도**의 투자 정책이다.[10] 금전적 이익만 고려해 투자 결정이 이루어지는 자본주의의 투자 관행에 반하여, 퀘이커 교도들은 재무적 결정을 가치관과 연결하고자 했

---

* 원칙에 따라 포트폴리오에 특정 종목 편입을 배제하는 방식
** 1650년대에 영국United Kingdom의 조지 폭스George Fox가 제창한 명상 운동으로 시작된 기독교 교파

다. 이러한 투자 원칙에 따라 술과 담배, 총기 같은 사회악과 관련된 투자를 거부했다. 이는 감리교인과 일부 가톨릭교도를 포함한 다른 여러 교단에 의해 채택되기도 했지만, 소수의 종교 집단 내에서만 실행되었을 뿐 사회 전반으로 확장되지 못했다.

현재에 이르러 주요 기업들과 금융 기관들은 '곧 사라질지도 모르는 세상'에서 평상시처럼 사업을 지속할 수 없다는 사실을 파악했고, 자연스럽게 사회 문제와 환경 문제에 관여하기 시작했다. 여기서 말하는 곧 사라질지도 모르는 세상이란, 빈부 격차가 심화되고 기술 혁신이 지구를 장기적으로 보호하기에 역부족인 세상을 뜻한다. 경제적·사회적·환경적 구조 전환의 이유에 대한 다양한 해석이 나오고 있고, 다양한 정치적·철학적·실용적 해결책이 제시되고 있다. 전 세계의 구성원들이 세계 경제 변혁에 대해 심도 있게 고민하는 역사적인 순간을 지나고 있는 것이다. 임팩트 투자는 이와 같은 변화의 움직임을 활용해 잠재력을 발휘할 수 있을 것이다.


## 임팩트 투자를 향한 비판적 시각

투자자와 사회 운동가 중 임팩트 투자에 회의적인 태도를 보이는 이들도 많다. 역설적이게도, 노골적으로 거부 반응을 보이는 두 집단은 정확히 반대의 이유로 부정적인 견해를 내비친다. 임팩트 투자를 제대로 탐구하기도 전에 우려를 표시하는 것이다. 다시 말해, 한쪽은 임팩트 투자가 돈을 충분히 벌지 못한다고 생각하고, 또 다른 한쪽은 돈을 버는 것에만 집중한다고 생각해 임팩트 투자에 결함이 있다고 여긴다.

투자자들은 임팩트 투자가 좋은 투자가 아니라고 주장한다. 그들은 임팩트 투자가 중요한 활동에 자금원이 될 가치 혹은 수익을 창출하지 못할 것이고, 결국에는 임팩트 투자가 도움을 주려는 수혜자들을 실망시킬 것이라고 말한다. 운용 규모가 성장하지 않는 퇴직 연금 펀드는 누구에게도 도움이 되지 않는 것처럼 말이다.

반면에 사회 운동가들은 임팩트 투자도 역시 투자의 일종이기 때문에, 그동안 투자가 야기한 악행이 반복될 것이라고 걱정한다. 투자는 주로 힘없는 사람들을 착취하고, 인류와 지구에 끼치는 악영향을 도외시하는 소수의 특권층에게 권력을 집중시키는 경제 시스템의 도구였다. 이러한 역사적 사실을 근거로 임팩트 투자가 사회 지향적 성격socially-oriented을 지녔더라도, 사회 운동가들은 임팩트 투자에 구조적인 결함이 있다고 느낀다. 타인을 위한 가치 창출 여부를 떠나 돈을 벌기 위해 돈을 투입해야 하는 약탈적 시스템을 영속화한다고 보기 때문이다.

물론 임팩트 투자자라면, 투자자와 사회 운동가의 비판적 시각을 진지하게 받아들여야 한다. 따라서 임팩트 투자가 사회를 변화시키는 수단으로서 큰 잠재력을 가지고 있다는 서사를 이어 나가기 전에, 비판적 시각에 대해 철저하게 짚고자 한다.

## 돈을 벌 수 있을까?
## : 투자자의 비판에 대한 변론

투자자들이 임팩트 투자에 대해 거부감을 가지는 이유는 임 팩트 투자가 전통적인 투자만큼 효율적으로 수익을 창출하지 못 한다고 판단하기 때문이다. 그들은 투자는 돈을 버는 수단으로, 자선 사업은 사회 정의를 실천하는 행위로 구분한다. 그래서 많 은 돈을 번 다음 자선 단체에 많은 돈을 기부하면 된다고 주장한 다. 또 투자와 자선 사업은 매우 다른 기능을 하므로, 이 두 가지 측면을 동시에 추구한다면 효율성을 떨어뜨리는 결과를 낳을 것 이라고 믿는다. 벤처 캐피털 회사 앤드리슨 호로위츠Andreessen Horowitz의 마크 앤드리슨Marc Andreessen은 "임팩트 투자는 마치 선 상 가옥 같다. 배 위에 지어진 집은 멋진 집도 아니고 멋진 배도 아니다."라고 말하기도 했다.[11]

투자자들은 시장이 돈을 배분하는 가장 효율적인 수단이라 고 여긴다. 그래서 시장의 기능이 최대치로 발휘될 수 있도록 유도한 다음, 진행 과정에서 발생되는 실수나 오류를 자선 사업으로 말끔하게 처리하려고 한다. 이 같은 발상은 많은 의문을 자아낸다. 투자자의 관점에 동의한다면 우선 돈을 맡긴 사람들을 위해 수익을 내야 하고, 심지어 최선을 다해 수익을 내고자 했다는 것을 보여줄 법적 의무도 있다는 투자의 기본적인 개념부터 다시금 생각해야 할 것이다.

만약 임팩트 투자가 전통적인 투자와 비슷한 수준으로 이익을 창출할 수 있다는 사실에 의구심이 든다면, 전통적인 투자와 임팩트 투자의 과거 수익률을 비교해보면 된다. 이때 반드시 고려해야 할 것이 있다. 거시적인 관점에서 현재의 금융 시스템이 사회에 단기적인 부를 가져다 주기는 했지만, 자원과 저렴한 노동력은 영원할 수 없기에 부의 창출이 지속될 수 없다는 점이다. 과거 한두 세기 동안은 전통적인 투자가 꽤 훌륭한 전략이었을 수도 있다. 하지만 이제 가장 보수적인 금융 기관들조차 이 전략이 과거에나 실현 가능했다는 사실을 인정하고 있다.

뉴욕공무원연금의 지정 수탁 기관에서 10년 이상 일했던 마이크 무수라카Mike Musuraca는 어떠한 도덕적 잣대와도 상관없이 그의 회사가 사회적·환경적 결과를 외면할 수 없었다고 말했다. 그 이유는 다음과 같다. 자산 규모가 470억 달러 이상인 뉴욕공무원연금은 주식 시장의 대표적인 핵심 종목 대부분을 포트폴리오에 편입하고 있으므로, 전체 시장을 보유한 것과 유사하다고 볼 수 있다. 이 경우 포트폴리오에 있는 기업이 활동 과정에서 발생하는 사회적·환경적 비용을 각 기업 내부에서 스스로 해결하지 않고 외부화한다면, 이 기업이 외부화한 비용만큼을 포트폴리오에 있는 다른 기업이 부담해야 하는 악순환이 계속될 뿐이기 때문이다.[12]

전 세계에서 가장 많은 자산을 보유하고 있는 뉴욕공무원연금이나 캘리포니아공무원연금 등의 기관조차도 현재의 경제 시스템이 올바르게 작동하고 있지 않다고 느낀다면, 잘못된 방향을 바로잡아야 할 것이다. 당연히 똑똑한 자산가들은 사회적·환경적 가치를 고려하지 않은 채 재무적 성과만 신경 쓰는 투자 기관을 그다지 달가워하지 않을 것이다.

미시적인 관점에서 외부 효과를 배제하고 단지 수익률에만 초점을 맞추었을 때, 임팩트 투자가 변동성도 낮고 시장 초과 수익률도 시현할 수 있다는 사실이 많은 연구를 통해 입증된 바 있다. 예를 들어, 벤처 캐피털 회사 같은 투자 기관에서는 약소한 수익률을 내면서도 수익률을 과장하는 경우가 종종 발생한다. 『하버드 비즈니스 리뷰Harvard Business Review』는 다음과 같은 결론을 내리기도 했다. "벤처 캐피털 펀드가 1990년대 후반 이후로는 공모 시장 수익률을 크게 앞지르지 못했고, 1997년 이래로는 투자금보다 적은 투자 배분액이 투자자들에게 돌아갔다. 높은 수익률을 기록하는 몇 안 되는 벤처 캐피털 회사들만이 수수료를 제외하고 투자금의 2배 정도 되는 수익률을 창출한 것이다. 일반적으로 펀드 성과 데이터를 쉽게 구할 수 없을 뿐만 아니라 벤처 캐피털 회사들이 펀드 성과 데이터를 일관성 있게 보고하지도 않기 때문에, 사람들은 어떤 회사가 높은 수익률을 내는지 완벽하게 알지 못한다. 그러나 평균적으로 벤처 캐피털 펀드는 손익 분기점을 겨우 맞추거나 손실을 입는다."[13] 기업가 정신에 관한 최고 연구 기관인 어윙 마리온 카우프만 재단Ewing Marion Kauffman Foundation은 이보다는 조금 덜 신랄한 방식으로 표현했다. "평균적인 벤처 캐피털 펀드는 수수료를 제외하고 나면 투자금을 모두 돌려주지 못한다."[14]

벤처 캐피털 펀드의 시장 수익률이 이와 같은데, 임팩트 투자의 수익률에 대한 목표치가 지나치게 높아서는 안 된다. 투자의 유일한 목적이 많은 돈을 버는 것이어야 하는지 혹은 그렇지 않은지에 대해서는 고민해야 한다. 하지만 수익률에 근거하여 임팩트 투자의 잠재력을 묵살하고 있는 이들은 다른 논거를 찾아야 할 것이다.

마크 앤드리슨이 언급했던 '선상 가옥 비유'에 대해 워런 버핏Warren Buffet의 일화로 맞서고자 한다. 한 학생이 강연자로 나선 워런 버핏에게 물었다. "제가 긍정적인 사회적 가치를 추구하고 싶다면, 빨리 많은 돈을 번 다음 나중에 사회에 환원하는 것이 옳은 선택일까요?" 그의 대답은 "그 질문은 노년을 위해 섹스를 미

루는 것과 비슷하지 않을까요?"였다.[15]

임팩트 투자가 궁극적인 사회 변화를 목표로 하고 있는지 혹은 그저 '선행을 통해 잘해나가는 것' 정도의 수준에서 멈출지는 임팩트 투자자들이 안고 있는 최대 과제일 것이다.


## 돈을 벌어야만 할까?
### : 사회 운동가의 비판에 대한 변론

사회 정의를 실현하는 일에 큰 관심을 가진 사람들은 임팩트 투자를 통해 돈을 벌 수 있다는 사실만으로 임팩트 투자에 거부감을 보인다. 역사적으로 살펴보았을 때 투자는 소수의 특권층에 부를 집중시키는 데 이용되었으며, 그 결과 오늘날 부의 편중이 심화되었다고 생각하기 때문이다. 그래서 부자들이 더 많은 부를 축적하도록 만드는 투자는 설사 사회적 목적에 부합하더라도 사회 지향적 성격을 지니기 힘들다고 생각한다.

이러한 사고방식을 가진 사회 운동가라면, 먼저 투자의 기본적인 개념부터 생각해야 한다. 투자는 자원을 취해서 더 큰 자원으로 환원하도록 설계된다. 이는 오래된 상거래 관행, 즉 거래 과정에 참여하는 모든 사람이 자신의 시간과 돈이 제대로 된 가치 평가를 받고 있다고 느끼게 만드는 상품 및 서비스의 교환과 연관될 수 있다. 전문화가 가져온 효율성을 감안한다면 이 같은 '교환'을 부정적으로 판단할 수 없다. 예를 들면, 정원 가꾸기를 즐기면서 만족스럽게 살고 있는데, 어느 날 갑자기 혁명이 일어나서 식재료부터 생필품까지 모든 것을 직접 만들어야 하는 상황이 닥치기를 바랄 사람은 없을 것이다. 이는 상거래와 투자가 중요하지 않은 사회는 존재할 수 없다는 것을 시사한다. 농촌에 살며 자급자족하는 농부도 자녀의 교육비를 지불하고, 상거래를 통해 옷과 의약품을 구입하고, 또 흉년을 대비해 잉여 생산물을 준비하기도 하는 것처럼 말이다.

더 많은 과일나무를 심기 위해 종자를 모으는 데 투자를 할지, 낚시를 하기 위해 배를 만드는 데 투자를 할지, 현재의 자원을 사용하여 더 많은 미래의 자원을 준비하는 데 투자를 할지에 대해 결정하는 것은 인류의 생존은 물론 인류의 번영을 위한 초석을 다지는 행위이다. 착취적 요소만 제거할 수 있다면 투자는 꽤 유용한 수단이 될 수 있다. 그러나 지난 역사를 통틀어 심지어 오늘날까지도 투자는 전 세계 불평등 문제의 주요 원인이라는 오명을 벗어나기 힘든 상황이다. 구조적인 불평등, 즉 단순히 경제적 불평등뿐만 아니라 정치적·사회적·문화적 불평등이 도덕적인 측면에서 개탄스러운 것은 물론 인류 진화에 있어 가장 큰 장벽으로 작용하고 있다. 만약 투자가 유용한 수단이 될 수 있음에도 불구하고 지난 500년 동안 부의 집중을 위한 수단으로 악용된 것이라면, 임팩트 투자를 통해 기존의 투자를 인적 거래와 자원 축적을 위한 수단으로 되돌릴 수 있지 않을까? 아니면 임팩트 투자가 전 세계에서 반복되는 약탈 행위에 여전히 윈도 드레싱*을 적용하는 또 다른 수단으로 그치는 것일까?

투자는 본래 중립적이다. 그러나 부의 집중을 위한 수단으로 이용되었던 과거처럼 부정적인 결과를 낳지 않으려면 반드시 예외적인 지침이 필요하다. 효과적인 정부가 없다고 해서 무정부주의를 지지하지 않는 것처럼, 경제 시스템이 실패하더라도 투자라는 아이디어를 무조건 배제하기보다 경제 시스템을 효과적인 방향으로 이끌 수 있는 방법을 강구해야 한다. 예를 들어 공동 경제**를 살펴볼 수 있다. 공동 경제는 지속 가능한 사회 시스템을 유지하기 위한 하나의 방안이 될 수 있다.

공동 자원을 사용하여 더 많은 자원을 창출할 수 있는 공동 경제는 합리적으로 관리되기만 한다면 긍정적인 효과를 가져온다. 연금 펀드의 지급 능력은 투자의 성패에 달려 있다는 점에서, 사람들이 적절한 나이에 은퇴해 삶을 살아갈 수 있도록 자금을

---

\* Window dressing, 증권 시장에서 분기말이나 연말 같은 투자 수익의 기준이 되는 시기에 수익자들을 안심시키고자 보유 주식을 매수하거나 매도해 수익률을 높이는 일종의 눈속임

\*\* Collective economy, 공동의 이익을 경제 활동의 목표로 하는 경제 시스템으로, 과거 소비에트 연방이 대표적인 예이다.

운용하는 연금 펀드에서도 공동 경제의 효과를 찾아볼 수 있다. 미국의 농부들이 저축한 돈으로 투자를 한 다음 발생되는 수익금을 공평하게 배분해서 공동 생존이 가능하도록 돕는 저축 협동조합이나 신용 조합, 혹은 기부나 사회적 투자를 통해 얻은 수익을 사용할 수 있는 선택권을 가진 자선 단체 등에서도 공동 경제의 효과를 찾아볼 수 있다. 많은 사회 운동가들이 이러한 종류의 상호 간 재정 지원 시스템을 투자라고 생각지도 못한 채 맹목적으로 지지하기도 한다.

투자는 단순히 좋은 것과 나쁜 것으로 구분할 수 있는 문제가 아니다. 투자를 통해 창출되는 자원이 무엇인지, 이 자원이 인류와 지구에 도움이 되는지 살펴봐야 한다. 또한 투자로 누가 돈을 벌고 있으며, 그들이 그 돈을 어디에 사용하는가에 대해 끊임없이 질문해야 할 것이다.

임팩트 투자가 효과적으로 이루어지기 위해서는 두 가지 요소를 갖추어야 한다. 첫째, 자원에 대한 접근 기회가 없었던 사람들을 위한 가치를 창출할 수 있도록 투자를 구조화해야 한다. 둘째, 점차 더 많은 지역 사회에 봉사할 수 있도록 벌어들인 자원을 재투자하는 순환 시스템을 만들어야 한다. 일부 사람들은 이러한 과정에서 더 많은 부를 축적할 수도 있을 것이다. 그렇기 때문에 투자로 인해 혜택을 얻는 집단에 대해 면밀한 검토가 필요하다. 다만 투자를 통해 돈을 벌어들인다는 사실 자체가 임팩트 투자를 향한 회의적인 견해의 근거가 될 수는 없다. 돈을 기부하는 것이 반드시 선한 것도 아닌 것처럼 투자로 더 많은 돈을 남기는 것이 반드시 악한 것도 아니다.

## 임팩트 투자의 성공과 실패

앞서 살펴본 투자자와 사회 운동가가 주장하는 두 가지 관점에는 공통점이 있다. 바로 시장 수익률을 정의하는 문제와 연관되어 있다는 점이다. 임팩트 투자자는 보통 투자 대상을 '시장 수익률'과 '시장 수익률 하회'로 구분한다. 이는 다음과 같은 질문으로 이어진다. 도대체 시장 수익률은 무엇이고, 그것이 임팩트 투자와 무슨 관계가 있을까? 보통 시장 수익률이라고 하면, 특정 산업 부문이나 특정 지역의 자산군에서 투자자가 얻을 수 있는 일반적인 수익으로 정의된다. 벤치마크*를 구성하는 기초 자산에는 교도소, 노동 착취형 공장, 소규모 농가를 몰아내는 토지 거래 등이 포함될 수 있다. 이 경멸스러운 투자 자산이 정말로 성패의 기

---

* Benchmark, 투자의 성과를 평가할 때 기준이 되는 지표로, 투자 수익률이 벤치마크보다 높으면 초과 수익을 달성한 성공적인 투자로 판단한다. 예를 들어, 국내 주식에 투자하는 경우에는 코스피 지수 수익률이 벤치마크로 많이 사용된다.

준이 되기를 바라는 사람은 없을 것이다.

모두를 위한 장기적인 수익을 창출하려면 그에 상응하는 합리적인 수익률에 대해 고민해야 한다. 투자의 성과를 판단하는 요소부터 재정의해야 한다는 것이 어쩌면 급진적인 주장처럼 느껴질 수 있다. 하지만 실제로 더 공평한 사회를 만들고 싶다면, 규칙을 바꾸어야 할 것이다.


## 투사에서 연인으로

임팩트 투자라는 새로운 분야가 제시하는 미래의 청사진에 점점 더 빠져든 나는 책임감 있는 기부 연합을 떠나면서, 사회적 기업 토닉의 초대 CEO를 맡게 되었다. 이후 토닉은 45억 달러 규모의 투자를 성사시키고, 300개 이상의 임팩트 투자 기관을 지원하는 사회적 기업으로 성장했다. 특히 임팩트 투자 중에서도 위험성이 높은 초기 단계 투자에 집중했다. 3년 6개월 동안 토닉의 CEO로 재직하면서 500건이 넘는 투자 제안서를 검토했고, 그중 33건이 투자자들의 투자를 받을 수 있었다. 이 업무를 통해 임팩트 투자의 잠재력을 더욱 확신할 수 있었다.

토닉으로 이직한 이유 중 하나는 사회적·환경적 가치를 추구하기 위해 투자금을 활용해야 한다는 생각에 고무되어 있었지만, 항상 싸워야 하는 상황에 지쳤기 때문이었다. 책임감 있는 기부 연합의 활동이 여러 기업의 관행을 개선하기는 했다. 그럼에도 불구하고 기업의 우선순위는 이윤 추구라는 점은 그대로였다. 대다수의 기업에게 사회적·환경적 성과는 주요 관심사가 아니었다. 사회적·환경적 성과를 향한 노력은 이윤 창출을 방해하지 않는 수준에서만 행해져야 했다.

나는 '투사'가 아닌 '연인'이 되고 싶었다. 다시 말해, 세상을 바꾸기 위해 싸우는 사람이 아니라, 현재 경제 시스템에서 실행 가능한 대안을 세우는 사람이 되고 싶었다. 해결책에 초점을 맞추고자 하는 내 바람은 빈곤에 대한 사고방식을 발전시켰다. 가난을 '개인 혹은 집단이 자립할 수 없는 상태'로 이해하기 시작한 것이다. 그리고 이는 빈곤에 대한 해결책을 강구하는 데 도움을 주었다. 빈곤은 텔레비전의 소유 여부처럼 외부 기관이 정한 특정 기준에 따라 판단될 수 있는 것이 아니라, 지극히 개인적인 기준이라는 생각을 마음 깊이 새겼다. 빈곤은 결국 선택권과 관계된 문제이다. 자세히 말해, 자신의 삶에 대한 근본적인 결정을 내릴 수 있는지, 경제적·정치적·사회적·문화적으로 자립한 상태인지, 생존을 넘어 삶의 다른 요소를 고려할 수 있을 만큼 기본 욕구가 충족되고 있는지에 따라 빈곤 여부를 구분할 수 있는 것이다.

정치적·사회적·문화적 자립을 실현하는 데 있어 경제적 자립이 필수 요소라고 판단했다. 따라서 빈곤과 싸우기보다 지역 사회의 자립, 특히 경제 시스템을 향상시키는 것을 새로운 목표로 삼기로 했다. 제국주의 국가들이 수 세기 동안 점령했던 식민지가 독립을 선언한 뒤에도 제대로 된 독립을 이루지 못했던 식민주의 역사가 가르쳐주듯이, 강대국이 지역 사회의 자립을 선언하는 것은 지역 사회의 자립이 이미 실패했다는 사실을 의미한다. 그래서 구체적인 과제를 다음과 같이 설정했다. 지역 사회가 과거에 빼앗겼던 자원을 되찾아서 자립 체계를 강화할 수 있는 방법은 무엇일까? 임팩트 투자는 이 과제를 성공으로 이끄는 효과적인 방법 중 하나이다. 지역 사회가 단지 기부금에 의존하도록 만드는 게 아니라, 지역 사회와 투자자의 목표를 장기적인 형태로 일치시킬 수 있기 때문이다.

다음 가나의 농업 프로젝트 사례는 지역 사회의 자립을 위한 수단으로서 임팩트 투자가 지닌 힘을 보여준다.

---

사례 1      비영리 지역 단체가 가나의 농업 사회의 농민들에게 무료로 트랙터를 나눠 주는 프로젝트를 준비했다. 트랙터를 유지하는 비용부터 농작물 종자 등 농사에 필요한 물품 비용까지, 필요한 기금을 받기 위해서는 뉴욕에 위치한 기부 사무소의 담당자에게 신청해야 한다. 농민들은 필요한 내역을 정리해 제안한 다음 기부자와 협상해야 한다. 단, 기부자는 이에 동의하지 않고 다른 대안을 제시할 수도 있다. 기부

금 규모는 기부 사무소 담당자의 판단에 의해 결정된다.

프로젝트 준비 중에 기부 사무소에 새로운 총재가 부임했다. 그는 기부 대상 국가를 가나가 아닌 인도India로 변경했다. 결국 예정되어 있던 프로젝트는 취소되었고, 트랙터는 방치되었다.

**사례 2**  투자자와 가나의 농업 사회가 협력하여 농민들에게 적합한 사업 모델을 찾기로 했다. 이를 위해서 트랙터가 생산성을 얼마큼 높일 수 있고, 이에 따라서 얼마큼의 이익이 추가로 발생할 수 있는지 고려했다. 또 농민들이 스스로 트랙터를 유지 및 보수하고 농사에 필요한 물품의 비용을 감당하려면, 얼마큼의 돈을 벌어야 하는지도 고려했다. 트랙터는 대출을 통해 구입해야 하며 대출금 상환에 대해서는 엄격한 회계적 관리가 뒤따를 것이다. 농민들은 이 과정을 통해 현금 흐름을 잘 이해하고 관리할 수 있는 방법을 터득할 수 있다. 더 나아가 자녀의 학비와 같은 주요 비용을 준비하는 데에도 유용하다.

5년이 지나면 대출금을 모두 상환하는 것은 물론 농사에 필요한 물품을 구입할 수 있는 충분한 수입도 얻게 될 것으로 기대된다. 이때 투자자는 가나가 아닌 다른 지역 사회에 자금을 지원할 수도 있고, 원금을 다시 가나에 투자해 지역 사회의 통제하에 운용될 장기 대출 펀드를 설립할 수도 있다. 여기서 가장 중요한 사실은 과거 금융에 의해 빼앗겼던 자원 중 일부는 지역 사회에 부의 형태로 다시 채워진다는 점이다.

물론 사례 2에서 권력의 역학 관계가 전혀 없는 것은 아니다. 그리고 단기적인 측면으로 본다면, 사례 1에서 긍정적인 효과가 전혀 없다고 말하는 것 역시 정확하지 않을 것이다. 다만 사례 2의 성과가 장기적인 시스템에 기반한 결과물이라는 점에 주목해야 한다. 특히 의사 결정권, 기술, 자산을 보유하는 사람을 소수로 국한하지 않고 다수로 확장할 수 있도록 전환시킨 점이 그 결과물의 핵심이다. 새로운 역학 관계는 훨씬 더 균형 잡힌 세상을 위한 지역 사회나 국가를 설립하는 데 도움이 될 것이다.

시장주의에 기반한 해결책이 가장 뛰어난 개발 방식이라는 주장은 아니다. 나는 전 세계에 미국식 자본주의를 적용하는 것이 옳다고 말하고 싶지 않다. 약탈적이고 폭력적인 자유 시장 경제는 권력과 자원의 불균형을 심화시킬 뿐이기 때문이다. 임팩트 투자에서 중요한 점은 잠재력이다. 잠재력을 발휘하기 위해서는 지역 사회가 자립 체계를 구축할 수 있도록 지원하는 방식을 채택해야 한다. 또 창출된 이익을 지역 사회로부터 빼앗아가는 구조가 아니라, 지역 사회의 자산을 창출하는 데 다시 활용하는 선순환 구조로 진화해야 할 것이다. 이 비전을 실천으로 옮기는 것, 바로 여기서부터 진짜 난관이 시작된다.

# 03 관행을 바로잡아야 하는 이유

변혁 및 권력 분산의 수단으로서 임팩트 투자의 엄청난 잠재력을 인식하기 시작했을 무렵, 나는 임팩트 비즈니스가 여전히 현장에서 가장 중요한 목표가 되지 못하고 있다는 고민에 잠겼다. 임팩트 투자에 관여할수록, 임팩트 투자가 기존의 금융 시스템에 약간의 사회적·환경적 가치만 더한 것에 불과하다는 점이 더욱 분명해졌다.

임팩트 투자의 목표를 달성하기 위해서는 선행을 통해 잘해 나가는 것을 시작으로 계속해서 새로운 시도를 해야 했다. 핵심 목표는 지속 가능하고 수익성 있는 모델을 통해 사회 문제를 해결하는 것이기 때문이다. 다양한 지역 및 산업 부문에 걸쳐 새로운 투자가 수없이 이루어졌지만 시스템 변화는 거의 없었다. 나는 이러한 모순을 해결하기 위해 고군분투했고, 그 결과 시스템 차원의 변화를 이끌어내는 초석을 마련할 수 있었다. 지역 사회의 자립 체계를 향상시키고 더 나아가 모든 형태의 빈곤에 맞서는 임팩트 투자의 프레임워크를 마련한 것이다.

동시에 임팩트 투자의 잠재력을 제한하는 임팩트 투자 산업의 나쁜 관행을 인지했다. 안타깝게도 이러한 관행들이 여전히 남아 있으며, 지난 수년 동안 반복되었다. 이를 심각하게 받아들이지 않거나 해결하지 않는다면, 관행에 내성이 생길지도 모르는 일이었다.

임팩트 투자에 관여하고 있는 투자자는 대체로 자신 혹은 회사, 고객을 위해 수익을 내고자 책임감 있는 전문가로 일하면서, 동시에 빈곤한 지역 사회를 돕고 지구와 생태계를 지키려는 선의와 진정성을 가지고 있다. 그러나 돈을 둘러싼 불균형적인 관계가 오랫동안 지속되고 있는 현실이 임팩트 투자를 방해한다. 혹은 임팩트의 힘을 무력화시키고 경제 변혁을 저해하는 일련의 가정이나 관행이 이미 내재화되어 있다는 사실을 깨닫지 못한 채

실수를 반복하기도 한다. 따라서 본격적인 임팩트 투자를 하기에 앞서 고려해야 할 여덟 가지 상황이 있다.

## 1. 투자자와 기업가가 지역 사회를 희생시키는 경우

임팩트 투자의 목표는 일반적인 금융 시장에서 달성할 수 있는 수준의 투자 수익을 얻는 동시에 사회적으로 긍정적인 영향을 미치는 것이다. 임팩트 투자가 소득 불평등 문제를 해소하는 데까지 나아가기 위해서는 사회적 기업을 누가 소유하며 통제하고 있는지, 또 사회적 기업으로부터 누가 이익을 얻고 있는지에 대해 곰곰이 살펴볼 필요가 있다. 만약 사회적 기업을 특권층만 소유할 수 있는 구조라면, 지역 사회의 이익을 최대화하기 어려울 것이다. 뿐만 아니라, 중요한 자원을 선진국에서 개발 도상국으로 혹은 한 국가 내 부유층에서 빈곤층으로 이전하기도 어려울 것이다.

사회적 기업의 소유권 구조 문제를 제대로 짚고 넘어가지 않은 채 임팩트 투자를 한다면, 강자가 약자의 자원을 약탈하는 등 지난 수십 년 동안 다양한 미명하에 행해진 착취의 역사를 되풀이하는 결과를 가져오게 될 것이다. 이 같은 자원의 불평등 상태가 지속되는 현상은 임팩트 투자의 이해관계자들이 빈곤한 지역 사회를 경제 시스템 내에서 '참여자'가 아닌 '소비자'로만 보는 데에서 비롯된다. 이는 수익 창출을 위해 투자자와 기업가가 지역 사회를 희생시키는 결과를 낳는다.

임팩트 투자 산업도 다른 투자 산업과 마찬가지로 생산자가 얼마를 버는지, 소비자가 제품에 얼마를 지불하는지, 그리고 투자자와 기업가가 얼마를 벌 수 있는지 또는 어느 정도의 수익을 기대할 수 있는지에 대한 명확한 긴장감이 암묵적으로 존재한다. 기업이 존속하기 위해서는 수익이 필수적이기 때문이다. 그러므로 사회적 기업에게도 수익 창출은 당연히 중요한 문제이다. 하지만 사회적 기업을 특권층만 소유하게 된다면 즉, 특권층에게만 이익을 나눌 수 있는 권리가 주어진다면, 임팩트 투자가 가져올 수 있는 변혁의 힘은 훨씬 약해질 것이다. 그렇기 때문에 임팩트 투자자들은 조금 더 공평한 이익 배분을 보장하는 책임을 명시하고, 소유권 구조를 평등하게 구축해야 한다.


## 2. 투자자와 기업가가 임팩트 정의를 내리는 경우

임팩트 투자는 투자자가 우선 임팩트 분야와 수익의 기준을 정하고, 그 결과가 펀드 매니저와 사회적 기업가로 전해진 다음 최종적으로 지역 사회에 적용되는 하향식으로 진화했다. 이러한 구조에서는 지역 사회의 의견을 반영하는 것이 근본적으로 불가능하다. 선의를 가진 사회적 기업가조차도 지역 사회가 장기적으로 참여할 수 있고 리더십을 개발할 수 있는 인프라를 조성하는 데 관심을 두지 않는다. 그저 포커스 그룹 디스커션* 단계에서만 지역 사회를 참여시킨다.

기업가가 지역 사회와 더 특별하고 더 깊은 관계를 구축하길 원하더라도 이 과정에 기꺼이 돈을 지원할 수 있는 자금원을 찾기 위해서 치열하게 노력해야만 한다.

나는 매년 미국 내 사회적 기업들이 가장 많이 모이는 소캡SOCAP: Social Capital Markets Conference을 포함한 2~3개의 임팩트 투자 콘퍼런스는 물론 세계사회포럼과 같은 사회 운동 콘퍼런스에 참석한다. 사회 운동 콘퍼런스의 경우, 대개 업무상 꼭 필요한 것으로 분류되지 않기 때문에 사비를 털어 참석하기도 했다. 사회 운동과 연결 고리를 가지는 것이 중요하다고 생각했기 때문이다. 또 사회 운동에 책임감을 가지는 것이 임팩트 투자 업무에 필요하다고 판단했다. 종종 내가 사회 운동 콘퍼런스에 참여하는 유일한 투자자라는 사실에 마음이 무거워졌다. 투자자 집단과 사회

---

* Focus Group Discussion, 고객이 제품을 어떻게 생각하고 그에 따라 제품을 어떻게 개선시킬 수 있는지 알아보기 위해 기업이 사용하는 마케팅 도구로, 한 가지 주제에 초점을 맞추는 조직적인 소그룹 토의를 말한다.

운동가 집단은 서로 접점이 없다고 여겼기 때문에, 몇몇 사회 운동가는 투자자인 내가 도대체 사회 운동 콘퍼런스에서 무엇을 하고 있는지 약간의 적대심을 보이는 질문을 건네는 일도 있었다.

임팩트 투자 콘퍼런스와 사회 운동 콘퍼런스의 관심사가 거의 겹치지 않는다는 사실은 놀라운 일이다. 투자자들은 핀테크 또는 금융 기술, 그리고 헬스케어 정보 기술 등에 대해 이야기했다. 이는 실리콘 밸리에 속해 있지 않은 사람들에게 해독하기 어려운 암호처럼 느껴질 것이다. 사회 운동가들은 토지 수탈 문제나 환경 인종주의*에 대해 이야기했다. 앞의 경우와 마찬가지로, 일반 투자자들에게 이해하기 어려운 과제처럼 느껴질 것이다. 다만 투자자가 사회 운동을 제대로 알지 못하고 연결 고리도 없다면, 임팩트의 우선순위를 효과적으로 설정할 수 없다는 사실을 명심해야 한다.

일부 모범적인 투자자들은 지역 사회와 연계하는 프로젝트를 선보이며, 확장 가능한 임팩트 비즈니스를 개발할 수 있다는 사실을 입증하고 있다. 예를 들어, 맥아더 재단MacArthur Foundation은 2012년 이후부터 미국의 이민 정책과 전 세계 이민 문제가 잘 해결되도록 기부를 했고, 이민 정책과 관행을 근본적으로 개선할 수

---

* Environmental Racism, 1970년대와 1980년대에 걸쳐 미국에서 발전한 환경 정의 운동으로, 인종적 맥락에서 발생하는 환경 불평등을 설명하는 개념이다.

있는 전략을 고안하기도 했다.[1] 이 기부금의 수혜자들이 2014년 버락 오바마Barack Obama 대통령이 발표한 이민에 관한 국정 연설의 토대를 마련했다. 국정 연설은 불법체류 청소년 추방유예 제도DACA: Deferred Action for Childhood Arrivals*의 확대와 부모책임 추방유예 제도DAPA: Deferred Action for Parents of Americans**의 도입에 대한 것이었다. 미국에 거주하고 있는 400만 명의 이민자들에게 합법적인 취업 자격과 시민권을 얻을 수 있는 길을 열어주는 이민 정책으로, 당시 오바마 대통령은 이 정책을 '음지에서 나올 수 있는 기회'라고 묘사하기도 했다.

많은 이민자 가족들에게 반가운 소식이었지만, 이 정책에 지원하는 데 드는 비용은 적은 편이 아니었다. 일단 이민자들이 신청 절차를 밟는 과정에만 1인당 465달러가 필요했다. 또 모든 절차가 제대로 처리되었는지 확인하기 위해 종종 변호사 상담도 거쳐야 했다. 따라서 정책의 수혜를 받기 위해서는 최소 1,000달러를 내야하는 셈이었다. 이는 금전적인 어려움을 겪고 있는 많은 이민자들이 감당하기에는 벅찬 수준이었다.

이민자들은 현실적인 어려움을 이민자와 난민을 걱정하는

---

* 아동 시절에 미국에 입국해 불법 체류 상태인 개인에게 2년 동안 추방을 유예하고 최대한 취업 자격을 부여받을 수 있도록 허용하는 미국의 이민 정책
** 미국에 거주하고 있으며 자녀가 있는 불법 이민자에게 법적 지위는 아니지만 3년간 갱신 가능한 취업 허가 혜택을 주고 추방을 유예하는 미국의 이민 정책

기부자 모임<sup>GCIR: Grantmakers Concerned with Immigrants and Refugees</sup>에 전달했고, 해당 단체는 맥아더 재단에 도움을 요청했다. 그들은 임팩트 투자 자본을 활용하여 빈곤한 지역 사회에 적시에 적합한 대출 상품을 지원할 수 있는 좋은 기회라고 판단했다. 합법적인 취업 자격을 취득하는 것이 이민자의 실질적인 소득 증가로 이어진다는 점으로 미루어 보았을 때, 그들을 위한 대출 상품을 마련하는 것은 이민자에게 지나친 부담을 전가하지 않고 궁극적으로는 이민자가 부를 쌓을 수 있는 구조를 만드는 계기로 작용할 것이라고 생각했기 때문이다.

맥아더 재단은 미국 전역에 산재해 있는 라틴계 지역 사회를 오랫동안 지원해 온 자활신용조합<sup>Self-Help Federal Credit Union</sup>과 접촉했다. 그리고 저소득층 이민자를 위한 대출 상품이 이미 출시되어 있다는 사실을 알게 되었다. 맥아더 재단은 자활신용조합의 대출 상품이 불법체류 청소년 추방유예 제도와 부모책임 추방유예 제도의 수혜자인 이민자까지 확대되도록 도움을 줄 수 있는 투자자들을 모으겠다고 제안했다.

저소득층이 빈곤한 지역 사회에 약탈적 관행을 일삼는 단기 자금 대출 기관과 거래하지 않고도, 그들의 요구를 충족시키는 지역 사회 기반의 금융 기관과 거래를 할 수 있게 된 것이다. 이들에 대한 대출 형태는 반드시 장기 대출이어야 하기 때문에, 맥아더 재단은 일부 투자자가 오랜 기간 동안 자금을 투자하는 데 부담을 가질 것이라는 사실을 예상하고 있었다. 따라서 투자자가 원한다면, 10년의 대출 기간이 끝나기 전에 투자금을 현금으로 회수하는 것을 가능하게 만드는 안전망 역할을 자처했다. 유감스럽게도 이 정책은 여러 가지 이유로 실행 단계에 이르지는 못했다.

그럼에도 불구하고 맥아더 재단의 아이디어에서 본보기로 삼아야 할 세 가지 내용이 있다. 첫째, 이민자들의 의견을 경청하고 그들의 요구 사항에 기반하여 투자 가능한 기관을 찾았다. 즉, 맥아더 재단에서 우선순위를 정한 후에 투자 기관을 찾은 것이 아니라는 점에 주목해야 한다. 둘째, 맥아더 재단은 이민자들이 접근할 수 있는 은행이 부족하다는 제도적 문제를 해결하는 데까지 나아갔다. 셋째, 맥아더 재단은 저소득층에게 제대로 된 서비스를 제공할 수 있도록 자활신용조합에 적절한 투자 조건을 제시했다. 그리고 투자 조건과 관련된 금전적 부담을 투자자에게 전부 전가하기 전에, 투자 조건이 투자자가 수용 가능한 수준인지 파악하고자 했다.

상향식으로 설계된 이러한 대출 상품은 지역 사회의 요구에 제대로 부응할 수 있을 것이다. 특히나 지역 사회가 당면한, 시시각각 변화하는 정치 및 경제 환경과의 역동적 관계 속에서는 더욱 그러하다.

# 3. 시스템 개혁보다 점진적 변화를 추구하는 경우

소액 대출 상품의 이자율 결정부터 일자리 창출에 이르기까지 임팩트 투자의 거의 모든 분야에서 소위 '손쉬운 승리easy win'를 택하는 현상이 뚜렷하다. 이는 잘못된 임팩트 정의에 따른 결과물로 볼 수 있다. 임팩트 투자를 시작한 일부 대형 금융 기관은 임팩트 투자를 '개발 도상국에서 일어나는 모든 투자'로 정의했다. 가난한 사람들을 위한 일자리 창출이 가능하다는 단순한 논리에서 비롯된 것이다. 그러나 천연자원 착취, 강제 퇴거, 열악한 노동 환경에 시달려온 지역 사회의 구성원들이 일자리를 얻기 위해 치러야 하는 대가는 지나치게 크고, 저임금 일자리는 빈곤의 악순환만 강화할 뿐이다.

대부분의 임팩트 투자자는 중소기업 또는 성장하는 소규모 성장 사업SGB: Small and Growing Businesses에 투자한다. 이때 기업이 무엇을 생산하는지, 근로자 처우나 환경 문제를 어떻게 다루고 있는지에 대한 판단 기준이 거의 없는 상태에서 투자가 이루어진다. 이는 선의를 가진 정부와 재단, 민간 투자자들로부터 자금을 지원받은 기업이 일반 기업과 다름없이 사업을 전개하는 결과를 가져온다.

미국 내 일자리 창출을 전제로 설립된 임팩트 펀드의 펀드 매니저와 대화를 한 적이 있다. 그 펀드 매니저는 자신이 투자한 회사가 서비스 산업에 종사하는 저임금 노동자를 위한 수백 개의 새로운 일자리를 창출했다고 말했다. 내가 새로운 일자리의 이점에 대해 되묻자, 다음과 같은 반응을 보였다. "음, 근로자들 대부분이 멕시코Mexico 사람들이었어요. 그들에게 축구 경기 입장권을 사주기로 했죠. 이후 노조에서 요구하는 산업 재해 보상금이 200만 달러에서 120만 달러로 감소했어요. 근로자들이 회사를 그만둘 때 회사를 고소하는 일이 엄청나게 줄었거든요."

경제 시스템 개혁이 아닌 점진적 변화에 치우친 사례는 또 있다. 개발 도상국의 중소기업을 지원하는 임팩트 펀드가 아시아에서 생산한 의류 제품을 남아프리카 공화국으로 수입하는 사업에 투자했다. 가난한 소비자들을 포함한 전체 시장을 대상으로 한 사업이라는 이유로, 이를 임팩트 투자라고 명명했다. 하지만 남아프리카 공화국의 사회 운동가들이 가진 생각은 달랐다. 그들은 명망 있는 사회적 기업 간행물에 아시아의 저렴한 의류를 남아프리카 공화국에 들여온 행위가 가져올 부정적인 결과에 대한 기사를 실으며 신랄한 비판을 했다.[2] 임팩트 비즈니스라고 섣불리 판단하고 실행한 일이 지역 내 일자리나 산업을 몰아낸다면, 임팩트 투자를 하지 않는 편이 훨씬 낫다는 내용이었다. 물론 긍정적인 영향도 있을 것이다. 그러나 이는 차선책에 지나지 않는다. 더 공정한 사회로 성장하기 위한 체계적인 변화를 일으키지 못하기 때문이다.

단적인 예로, 등유의 주요 대안으로 전 세계를 휩쓴 가정용 태양광 발전기를 생각하면 이해가 쉬울 것이다. 태양광 발전기는 일반적으로 등유보다 아주 약간 저렴한 가격에 조명이나 휴대폰 충전 등에 필요한 소량의 전기를 공급하지만, 환경적인 측면에서 이롭고 조명의 품질도 더 좋다. 사람들은 태양광 발전기가 가진 장점을 고려해서, 태양광 발전기를 기꺼이 설치했다. 이는 기부자와 투자자에게 만족스러운 대안이었다는 것을 의미한다. 그러나 주목해야 할 점은 따로 있다. 특정 지역 사회에는 태양광 에너지를 킬로와트시* 당 약 5달러에 공급한 반면 선진국에서는 같은 양의 태양광 에너지를 약 12.2센트에 공급했다.[3]

아무도 중요한 질문을 하지 않고 있다. 과연 가정용 태양광 발전기는 실제로 공정하게 가격이 책정되었고, 장기적인 해결책을 제공하고 있는가? 아니면 등유에 비해 약간 덜 불공정한 것일까? 태양광 발전기는 에너지 부족에 시달리고 있는 사람들의 경제적 상황을 개선시켰는가? 이처럼 임팩트 투자가 단순히 이전보다 나은 수준에 머무는 것이 아니라, 진정한 변화를 가져올 수 있는지 항상 자문해야 한다.

---

* Kilowatt-hour, 1킬로와트의 전력을 1시간 동안 사용했을 때의 전력량

# 4. 지역 사회 주도 시 자금 조달이 어려운 경우

임팩트 투자는 주로 개발 도상국에서 이루어지지만, 대부분 현지인이 아닌 외지인에 의해 운영된다. 그렇기 때문에 영어를 능숙하게 구사하지 못하고 고등 교육을 제대로 받지 못한 개발 도상국의 개인이나 단체 또는 지역 사회가 임팩트 투자 펀드에 접근하는 것은 굉장히 드문 일이다.

임팩트 투자 산업에서 지역 사회의 구성원은 고용된 직원으로서의 역할 또는 금융 서비스와 같은 특정 상품에 대한 소비자로서의 역할만 부여된다. 즉, 핵심적인 역할보다 단순한 수혜자로 머무는 경우가 대부분이다. 이는 지역 사회가 주도하는 프로젝트의 규모가 작아 보이거나 수익성이 낮아 보이는 함정에 빠지게 만든다.

캘리포니아 웨스트 오클랜드West Oakland에 있는 한 지역 식료품 가게의 예를 들어보자. 이곳은 이윤을 낼 수 있을 만큼 충분한 수요가 있고, 지역 사회에 가져다 줄 수 있는 잠재적 이익도 상당하다. 하지만 전국적으로 매장을 확충하기에는 역부족이라고 판단해버린다면, 투자가 이루어지기 어렵다.

단기적인 관점에서 자선 사업이 불평등 문제를 해결할 수 있고, 더 많은 자선 사업이 필요할 수도 있다. 하지만 장기적인 관점에서 사회 변화를 일으키기 위해 자본을 활성화하고 싶다면, 더 광범위한 지역 사회가 훨씬 더 쉽게 접근할 수 있는 임팩트 투자 산업 구조가 절실하다.

## 5. 사회적 기업가를 위한 자금 지원이 부족한 경우

다수의 사람들을 위한 역량 강화 프로그램이나 창업 자본 지원이 부족한 실정이다. 사회적 기업가를 위한 역량 강화 프로그램은 많지만, 현실적으로는 선택된 소수의 인원 또는 고등 교육을 이미 받은 사람만이 참여할 수 있다. 그렇기 때문에 특정 지역 사회에 기반한 사업을 준비하고 있는 사회적 기업가에게는 기회가 한정적이다.

『혁명은 펀딩이 되지 않는다: 비영리 산업 조직The Revolution Will Not Be Funded: The Non-Profit Industrial Complex』[4]에는 자선 사업에 대한 강력한 비난이 담겨 있다. 이 책은 나를 포함한 많은 사회 운동가들이 사회 운동 단체와 비영리 단체의 자립을 위한 대안적인 형태의 수익 창출 방법을 모색하는 데 영감을 주었다. 하지만 현실에서는 지역 사회 구성원에게 필요한 제대로 된 교육을 제공할 수 있는 방안은 없었다. 당시에는 비용이 2,000달러 이하이거나 기업을 운영하고 있지 않은 사람이 참여할 수 있는 교육 과정이 전무했기 때문이다.

대부분의 사회적 기업가는 경영대학원 학생들만 출전할 수 있는 사업 계획 공모전에서 수상하거나, 친구와 가족으로부터 엔젤 펀드* 형태의 도움을 받는 방법으로 초기 창업 자본을 마련한다는 점도 문제이다.

내 친구 중에는 노동자 계층의 이민자 출신인 젊은 여성이 있다. 1990년대 후반에 파라 로스 니뇨스<sup>Para Los Niños</sup>**라는 사회봉사 기관에서 자원봉사를 하면서 인연을 맺은 후, 20년 넘게 친구로 지내왔다. 그러던 어느 날 사회적 기업을 방문할 기회가 있었고, 나는 그녀와 함께 동행하게 되었다. 나는 사회적 기업의 CEO에게 초기 창업 자본의 조달 방법에 대해 물었다. "50만 달러의 창업 자본은 친구와 가족에게서 받았죠."라는 대답이 돌아왔다. 무려 50만 달러를 친구와 가족으로부터 지원받았다는 이야기를 듣고 혼란에 빠졌다. 만약 그 자리에 함께 있었던 내 친구가 사회적 기업을 설립하기 위해 지인들에게 기부금을 모으고자 했다면, 운이 좋은 경우에 겨우 500달러를 받을 수 있었을 것이라고 장담한다.

주변 사람들에게 투자를 받은 CEO가 능력과 재능이 없다고

---

*    Angel fund, 기술력은 있으나 창업을 위한 자본이 부족한 초기 단계의 벤처 기업에 투자해. 첨단 산업 육성에 밑거름 역할을 하는 투자 자금을 제공하는 투자 펀드
**  '아이들을 위한'이라는 뜻의 스페인어

말하는 것이 아니다. 능력과 재능을 증명했기 때문에 투자를 받을 수 있었을 것이다. 나조차도 과거에 금전적 지원이 필요했을 때 지인들에게 의존하기도 했다. 50만 달러의 창업 자본을 받은 CEO나 나는 운 좋게도 금전적 지원을 해줄 수 있는 사람들과 네트워크가 형성되어 있다. 하지만 네트워크에 기반한 자본 조달 외에 다른 방법이 없다는 것이 문제의 핵심이다. 이는 기업가 정신의 계급주의적 성격을 강화하게 된다. 기업가 정신이 어떤 이들에게는 타고난 권리이지만, 다른 이들에게는 그것을 얻기 위해 엄청난 투쟁이 수반된다.

초기 단계 임팩트 투자자로 유명한 미치와 프리애다 카포어 Mitch and Freada Kapor는 "천재는 지역에 따라 균등한 비율로 태어나지만, 기회는 지역에 따라 균등하지 않다."라고 지적한 바 있다.[5]


## 6. 인종 차별과 성차별 문제의 해결이 요원한 경우

실리콘 밸리에서는 성공 여부가 인종이나 성별과 아무런 연관이 없으며, 아이디어만 좋다면 성공할 수 있다고 가정한다. 능력 있는 친구와 가족과 같은 계층적 특권이 영향을 끼칠 수 있지만 인종과 성별이 영향을 끼쳐서는 안 된다고 여긴다. 하지만 이러한 생각은 개념상으로만 존재한다. 안타깝게도 현실에서는 근거 없는 믿음일 뿐이며, IT 산업에만 특정되는 현상도 아니다.

임팩트 투자 산업도 마찬가지이다. 전통적인 투자 방식과 현저히 다른 구조를 만들지 않는 한, 인종 차별이나 성차별 등의 잘못된 틀에 스스로를 가두고 사회적·환경적 가치는 물론 재무적 수익도 달성하지 못하게 될 것이다. '수치 지향적인' 벤처 캐피털 기업에도 명백한 수치가 나타내듯, 인종과 성별에 따른 차별이 존재한다. 다음의 인구 통계학 자료는 실제로 발생하고 있는 차별의 실태를 보여준다.

| 인종 구성의 비율 |

| 분류 | 백인 | 라틴계 | 흑인 | 아시아인 | 남성 | 여성 |
|---|---|---|---|---|---|---|
| 미국 인구 | 62% | 17% | 13% | 5% | 51% | 49% |
| 실리콘 밸리 벤처 캐피털리스트(책임자급) | 78% | 1% | 1% | 20% | 92% | 8% |
| 실리콘 밸리 딜에 관여하는 사람 | 78% | 1% | 1% | 20% | 98% | 2% |

압도적인 수의 백인 남성들이 실리콘 밸리 딜에 관여하고 있으며, 그다음으로는 아시아 남성들이 관여하고 있다. 그러나 백인 남성들보다 한참이나 적은 비율을 차지하고 있다는 점을 놓쳐서는 안 된다. 특정 산업 부문이 인종 차별 또는 성차별을 묵인하고 있다면, 고의로 현실을 외면하는 것과 다름없다.[6] 유감스럽게

도 아직 임팩트 투자 산업 내의 인구 통계학 자료는 없다. 그러나 지금부터 인적 자원의 다양화에 관심을 기울이지 않는다면, 다수와 소수로 구성된 세계에서 성공적인 산업을 구축할 수 없을 것이다.

임팩트 투자 산업에 종사하는 구성원의 인종 다양성이 결여되어 있다는 상황 자체뿐만 아니라, 이 같은 상황이 문제라는 인식조차도 부족하다. 다음의 사례는 차별하고자 하는 의도를 가지고 있지 않지만, 완전히 무의식 중에 저지르게 되는 실수들이다.

**사례 1** _____ 프레젠테이션 자료를 보여주며 "우리는 아프리카와 중남미 지역에 투자할 수 있는 완벽한 팀이에요."라고 소개하며 8명의 팀원을 대대적으로 소개하는 회사가 있었다. 그 팀은 8명의 백인으로 구성되어 있었다.

**사례 2** _____ 크로스 컬처 벤처스Cross Culture Ventures는 2명의 흑인 파트너가 이끌고 있는 펀드 투자사이다. 90개 이상의 투자 실적 중 스포티파이Spotify, 와비 파커Warby Parker, 우버Uber 등이 포함되어 있었다. 훌륭한 투자 실적이 있음에도 불구하고 자금 조달에 심각한 난관을 겪었다. 비공식적으로 들은 바에 의하면, 투자자들은 크로스 컬처 벤처스의 포트폴리오가 '너무 흑인 중심적일 것'이라고 우려했다. 그들은 모든 투자자들의 생각이 틀렸다는 것을 증명하기로 했고, 펀드 투자자 모집을 성공적으로 마쳤다. 더불어 자신들이 백인이었더라면 이 같은 어려움을 겪지 않았을 것이라는 사실을 분명하게 전달했다.

반면 카포어 캐피털Kapor Capital, 임팩트 아메리카Impact America, 크로스 컬처 벤처스, 브론즈 인베스트먼트Bronze Investment와 같은 일부 모범적인 투자자들은 임팩트 투자 산업이 더 포용적인 산업으로 성장하길 바라는 마음에서, 인종 다양성을 추구할 수 있도록 창업자 헌장* 등에 다수와 소수로 구성된 세계에 대한 인식을 명시했다.

이상하게도, 이러한 모범적인 사례는 일반적인 것이 아닌 예외적인 것으로 간주되고 있다. 투자자와 기업가가 수혜자를 대표했을 때 임팩트 투자가 성공적으로 이루어질 수 있다는 투자 원칙이 예외로 취급될 만큼 참신한 생각인가?

임팩트 투자 산업에서 벌어지는 성차별 문제 역시 심각하다. 나는 스스로 유태인이라고 인식하지 않고 살아온 것처럼, 페미니스트라고 인식하지 않은 채 살아왔음을 고백한다. 다시 말해, 내가 여성임을 알고 있지만 그 사실에 대해 적극적으로 인정할 필

* Founders' Commitment, 창업주들이 기업 설립 시, 기업 목적에 대해 서술한 경영 헌장

요성을 느끼지 않았다. 하지만 투자자가 된 후부터 성별로 인한 차별을 겪게 되었고, 나의 시각에 큰 변화가 생겼다. 성차별은 단지 짜증나고 불편한 문제가 아니었다. 짜증나고 불편한 상황들은 대개 참을 만했고, 그저 웃고 넘길 수도 있었다. 투자 산업에서 일하는 여성이 적다는 사실보다 업계 사람들의 행동이 더 큰 좌절감을 불러왔다.

지난 15년 동안 누군가를 만날 때마다 끊임없이, 그리고 조용하게 성차별 문제가 드러났다. 명함에 '최고 경영자' 또는 '이사' 등의 직함이 분명히 써 있는데도, 남성들은 내가 비서인지 묻거나 내 상사와 이야기해야 하는지 되물었다. 덧붙이자면, 이 질문을 여성으로부터 받은 경험은 단 한 번도 없었다. 또 회사의 웹사이트에 내 직함과 사진이 나와 있는데도, 수년 동안 받은 이메일에는 'Mr.'라는 호칭이 적혀 있었기 때문에 이를 계속해서 정정해야 했다. 투자사의 최고 경영자가 여성이라는 사실이 그토록 상상하기 어려운 일인가?

우리 회사의 남성 파트너인 아너 벤 아미Aner Ben-Ami와 함께 미팅에 참석했을 때, 내가 기업가 혹은 펀드 매니저에게 금융에 관련한 질문을 해도 사람들은 남성인 아너 벤 아미와 먼저 눈을 마주친다. 많은 사람이 무의식적으로 금융과 관련된 주제는 남성과, 임팩트와 관련된 주제는 여성과 논하는 것이다. 성차별적 행위는 너무 미묘해 알아차리기도 힘들다.

종종 임팩트 투자 산업 내에서 성 역할이 분리되어 있다는 사실에 놀라곤 한다. 임팩트 관리는 소프트 스킬*로 간주되어 '여성의 일'로 통용된다. 반면 남성은 하드 스킬**인 투자 활동에 적합하다고 생각한다. 실제로 임팩트 매니저들은 여성인 경우가 많다. 이는 임팩트 관리가 투자 활동에 필수 불가결한 요소가 아닌, 한 사람에게 맡길 수 있는 외주 업무 정도로 치부된다는 의미이기도 하다. 과학보다는 예술에 가깝고, 모든 예술과 마찬가지로 여성적인 것으로 취급되며, 암묵적으로 평가 절하되고 있다. 특히 투자 산업을 역사적으로 남성이 주도했다는 점을 고려하면, 여성의 업무인 임팩트 관리에 남성들의 시간과 에너지를 낭비하지 않겠다는 의도로도 해석할 수 있다.

더불어 성차별과 연령 차별이 독특하게 교차하는 지점이 있다는 사실도 발견했다. 토닉의 CEO로 재직하고 있을 당시 나는 20대 중반이었다. 그때 유명 투자 은행의 초청을 받아, 고급 스키 타운에 있는 리조트에서 은행의 고객이자 고액 자산가들을 위한 기조 연설을 하기로 했다. 그곳에 도착해 보니 초대된 사람 중 남성은 98명이었고, 여성은 2명이었다. 2명의 여성은 한 투자자의 아내와 나였다. 그리고 행사에 참석할 때는 검은색 옷을 입지 말

---

*    Soft skill, 커뮤니케이션, 협상, 팀워크 등의 업무
**   Hard skill, 생산, 마케팅, 재무, 회계, 인사 조직 등의 업무

아야 한다는 사실을 그날 처음으로 깨달았다. 2명의 남성이 나에게 와서 "실례합니다만, 아가씨…. 제 테이블이 어디죠?"라고 물었기 때문이다. "내가 바로 당신들의 기조 연설자이니 당신이 원하는 곳 어디든 앉아요."라고 대답하지 않기 위해 엄청난 자제력이 필요했다.

한편 성차별이라고 여겼던 행동이 연령 차별일 수도 있겠다는 생각이 드는 순간도 있었다. 참석한 남성들 중 2명만이 40살 미만이었는데, 다른 참석자들은 그 2명도 무시하는 태도를 보였다. 우리는 서로에게 무언의 연대감을 느꼈는지 저녁 시간을 함께 보냈다. 이들은 바로 트위터twitter 공동 창업자 비즈 스톤Biz Stone과 그루폰Groupon 공동 창업자 숀 버커슨Shawn Bercuson이었다. 잘못된 판단은 때때로 훌륭한 리더들과 연결될 기회를 놓치게 만든다.

시간이 흘러 흰머리가 생기기 시작했을 무렵이었다. 임팩트 투자 콘퍼런스에서 다른 중년 여성들과 비슷한 경험을 공유하면서, 연령 차별이라고 여겼던 행동이 성차별일 수도 있겠다는 생각을 다시금 했다. 나이가 들어도 성차별에서 자유로울 수는 없다는 생각에 힘든 몇 주를 보냈다.

여성으로서 임팩트 투자 산업에서 일하면서 좌절감과 소외감을 수없이 경험했다. 그래서 임팩트 투자자들이 인종 또는 젠더 감수성을 가지는 것이 시급한 사안임을 누구보다 잘 알고 있다. 임팩트 투자 산업의 성공이 달려 있는 사안이라고 주장하고 싶을 정도이다. 암묵적 차별이 지속된다면, 임팩트 투자 산업의 미래는 위험에 빠지게 될 것이다. 불평등 구조가 강화될 뿐만 아니라, 여성이나 유색 인종이 다수인 세상과 동떨어지게 될 것이다. 투자자는 자신이 잘 알고 있는 대상을 가장 잘 분석할 수 있기 마련이다. 지구상에 있는 대다수의 사람들, 즉 여성과 유색 인종의 현실을 반영하지 못한 투자는 실패할 가능성이 높다. 임팩트 투자 산업을 효과적으로 이끌기 위해서는 많은 사람의 다양한 관점이 필요하다. 인구의 대부분을 차지하고 있는 여성과 유색 인종이 임팩트 투자 산업에서 배제되어 있다는 사실이 분명한데, 임팩트 투자 산업이 내린 결정이 과연 세상에 유익하다고 믿을 수 있겠는가?

미국 경제계도 인종과 성별 또는 다른 요인에 기반한 다양성을 보유한 단체나 지역 사회가 더 강력한 사업 구조를 만든다는 사실을 깨닫고 있는 추세이다. 대기업들이 다양한 인력을 양성하기 위해 상당한 투자를 하고 있다. 변화를 따라잡지 못하면 임팩트 투자 산업은 뒤처질 것이다. 기존 투자 기관이 다양성을 갖추기 위해 노력하는 것을 넘어, 여성과 유색 인종이 주도하는 새로운 투자 기관이 설립될 수 있는 구조를 만들어나가야 할 것이다.

때때로 간접 차별이라고 칭해지는 것, 즉 실제로는 차별이 가해지고 있지만 마치 중립적인 것처럼 보이는 정책들에 대해서도 재고해야 한다. 많은 투자사들은 펀드 매니저가 일정 기간의 경력이 있거나 혹은 일정 수준의 자금을 조달한 경력이 있는 경우에만, 투자 여부를 고려할 수 있다는 정책을 고수하고 있다. 책임자급 벤처 캐피털리스트의 98퍼센트가 백인 또는 아시아인이고 92퍼센트가 남성이라는 사실을 감안할 때, 이러한 정책은 실제로 여성이나 흑인, 라틴계 창업자가 주도하는 임팩트 펀드를 배제시키는 작용을 한다. 따라서 투자 결정 과정에서 단순히 전면적 배제 정책*을 적용하여 특정 조건을 채우지 못하는 경우, 무조건 배제하기보다 더 심사숙고할 필요가 있다. 그렇지 않으면 뛰어난 유망주를 지원할 기회를 놓칠 수도 있다.[7]

## 7. 유명 기업가의 리더십을 강조하는 경우

사회적 기업가가 되고자 하는 사람들은 종종 짧게는 몇 주부터 길게는 6개월 동안 인큐베이터 프로그램 또는 엑셀러레이터 프로그램에 참여한다. 또는 MBA 학위 과정의 일부로 사회적 기업 과정을 수강하기도 한다. 이를 통해 현금 흐름이나 마케팅을

---

*  Blanket exclusion, 일정한 조건을 충족하지 못할 경우 무조건 배제하는 정책exclusive screening이다.

비롯한 여러 가지 교육을 받게 된다.

대동소이한 프로그램들은 대개 지역 사회를 조직하거나, 지역 사회의 구성원들을 참여시키는 방법에 대한 교육은 전혀 제공하지 않는다. 그렇기 때문에 기존의 교육은 훌륭한 경영을 하는 데에는 보탬이 되겠지만, 문화적인 역량을 키우는 데에는 한계가 있다. 이는 구조적 변화를 주도하는 지역 사회를 구축하는 일에 관심을 두지 않는 사회적 기업가를 배출하는 결과로 이어지기 쉽다. 즉, 타인을 위한 봉사에 초점을 두고 자신보다 구성원들의 이익을 우선시하는 '섬김의 리더십'이 아닌, '유명 기업가의 리더십'을 강조하게 되는 것이다.

농촌에서 전기를 생산할 수 있는 흥미로운 기술을 발명하고, 한 대학으로부터 충분한 자금을 지원받고 있는 기업가와 만난 적이 있다. 나는 그에게 사업 준비 시 진행한 '사용자 테스트'에 대해 물었다. 그는 봄 방학 동안 여자 친구와 함께 멕시코 관광을 하는 중간중간에 현장 테스트를 했다고 대답했다. 민망한 질문이었지만, 되물을 수밖에 없었다. "스페인어를 할 줄 아세요?" 그의 대답은 다음과 같았다. "아니요…. 하지만 저는 사람들이 제품을 사용하는 것을 지켜보았어요." 사용자들이 보인 미소에 대한 질적 연구를 통해 얻은 데이터의 유용성은 확신할 수 없다. 그 기업가가 전기 생산 기술로 돈을 벌었을 수도 있겠지만, 지역 사회와 유대가 결여된 기업이 사회적 기업으로서 성공했는지 평가할 방법은 없다.

사회적 기업가가 되고자 하는 수많은 사람들이 사용자에게 실질적으로 필요한 것을 면밀히 검토한 다음 문제에 맞는 해결책을 내놓는 것이 아니라, 이미 염두에 둔 해결책에 부합하는 문제만 다룬다는 맹점이 여실히 드러난다. 즉, 탁월한 경영 실력을 보여주었다고 평가할 수는 있지만 문화적인 역량을 발휘했다고 평가할 수는 없다.

가난한 사람들이 기꺼이 구매하는 제품이라는 사실이 제품의 유용성을 입증했다고 본다면, 이러한 시장 기반의 해결책은 기부금보다 나은 측면이 존재한다. 하지만 앞서 설명한 바와 마찬가지로, 점진적 변화를 통해 손쉬운 승리를 택하는 것은 끔찍하고 착취적인 과거의 대안보다 현재의 제안이 약간 더 낫다는 사실만 증명할 뿐이다. 시장성이 있다는 사실만으로는 변혁적 개입이라고 정의하기 어렵다.

사회적 기업가들은 때로는 섬김의 리더십을 발휘해 변화를 만드는 성과가 아니라, 성공을 일구고 자본을 유인하기 위해 존중받을 만한 사람으로 보여지는 데 열중하기도 한다. 또 세상을 변화시킬 수 있는 능력을 가진 사람, 그리고 이를 위해 분주하게 행동하고 희생하는 사람으로 인정받기 위해 화제의 중심에 서는 것을 원하기도 한다. 사람들의 이목을 끄는 것이 성공적인 기업으로 도약하기 위한 필수 요소로 간주되기도 하므로, 사회적 기업가들은 TED 강연에 서고 투데이 쇼*에 출연할 수도 있다. 실제로 대외 활동이 활발한 사회적 기업가는 사회에서 상당히 중요한 역할을 수행하고 있다. 대의를 위한 관심을 모으고자 개인이 지닌 매력을 이용하는 행위는 아무 문제가 되지 않는다. 그러나 때때로 앞장서는 것보다 뒤에서 밀어주는 것으로 더 많은 일을 해낼 수 있다는 사실을 잊어서는 안 된다.

내가 사회적 기업 연구비 지원 사업을 신청했을 때, 사람들이 섬기는 리더십의 가치를 인식하지 못하고 있는 현실이 분명하게 드러났다. 수십만 달러 단위의 연구비를 지원하는 권위 있는 한 단체는 온라인을 통한 연구비 지원 신청서 작성 시, '예'라고 대답하지 않으면 다음 질문으로 넘어가지 않는 사전 자격 테스트를 실시했다. 사전 자격 테스트에는 '당신 또는 당신의 공동 창업자가 이 아이디어와 사업의 유일한 발안자인가요?'라는 질문이 포함되어 있었다. 당시 나는 5명의 공동 창업자가 있는 조직의 일원이었다. 하지만 신청서를 제출하기 위해서는 '예'라고 대답할 수밖에 없었다. 나중에 창업 과정을 묻는 질문이 있었고, 나는 "우리는 공동 창업자 5명, 창립 멤버 30명을 비롯해 수많은 자문 위원들이 모인 조직입니다. 전적으로 혼자서 조직을 만들려고 하는 어리석은 사람들에게 투자해서는 안 됩니다."라고 기재했다.

---

*    Today Show, 미국 NBC의 아침 정보 뉴스 프로그램

사회 정의 단체에서 리더십을 분산시키는 것은 필수적이다. 민주적 의사 결정을 가능하게 하고 불평등을 바로잡을 수 있으며, 더 나은 결정과 조직의 지속 가능성을 보장할 수 있기 때문이다.

사회적 기업은 종종 인생에서 다른 일은 하지 않고 오직 임팩트를 실현하는 일에만 몰두하는 완벽한 기업가의 모습을 지나치게 강조한다. 그러나 대부분의 임팩트 투자는 평균 연령 25세의 기업가가 상정하기 어려운 기간인 7년 혹은 그 이상 동안 지속되어야 효과를 얻을 수 있다. 타인의 도움 없이 전적으로 개인의 능력에만 의존한다면, 문제를 해결하는 데 어려움을 겪을 가능성이 높다. 다시 말해, 기업을 혼자서 운영하는 것은 중대한 사업상의 리스크가 되기도 한다.

내 친구이자 오랜 멘토 빌리 페리쉬Billy Parish는 비영리 네트워크 에너지행동연합Energy Action Coalition 및 태양광 회사 모자이크Mosaic의 창립자이다. 빌리는 타인과의 관계에 대한 중요성을 본질적으로 이해하기 때문에, 연쇄 창업자*가 될 수 있었다. 그는 2009년 『보그Vogue』에서 선정한 '올해의 사회 운동가'로 추천받았고, 그를 포함해 올해의 사회 운동가로 선정된 총 10명에 대한 기사가 실리게 되었다. 이는 매월 100만 명이 넘는 사람들에게 배

---

* Serial entrepreneur, 새로운 기업을 계속해서 설립하는 기업가

포되는 『보그』에 사진과 약력이 소개된다는 의미였다. 그러나 에너지행동연합은 말 그대로 연합이었고, 빌리 페리쉬는 40명의 지도자 모두가 함께 사진을 찍어야 한다는 고집을 꺾지 않았다. 결국 사회 운동가 9명의 프로필 사진과 에너지행동연합에 속한 40명의 단체 사진이 실렸다. 빌리 페리쉬는 집단적 책임과 인정을 중요시한 덕분에 긴 세월 동안 굳건한 조직을 유지할 수 있었다.

## 8. 사회적 교육을 경시하는 경우

임팩트 투자 산업은 사회적 교육을 비정규 교육 과정쯤으로 취급한다. 즉, 사회적 교육을 지속적인 노력이 필요한 '필수적인 것'이 아닌, 직관적으로 습득할 수 있는 '알고 있으면 좋은 것'으로 간주한다.

임팩트 투자자가 되는 전형적인 절차가 있다. 먼저 유명 대학에서 경제학, 수학, 통계학 또는 경영학 학사 학위를 취득한 다음, 컨설팅 회사나 투자 은행에서 2년 동안 일을 한다. 그리고 MBA 학위를 취득해야 하는데, 이때 프라이빗 에쿼티나 투자 은행에서 인턴으로 일하면 된다. 졸업 이후에 펀드 매니저로 일을 하다 어느 날 아침에 선행에 기반한 일을 해내고 싶다는 마음이 생기면, 임팩트를 지향하는 펀드 내에서 업무를 조정하거나 재직 중인 기업의 임팩트 담당 팀으로 부서 이동을 하면 된다. 예를 들어 제이피 모건J.P. Morgan, 케임브리지 어소시에이츠Cambridge Associates 또는 도이치 은행Deutsche Bank 등의 사회적 투자 부서로 말이다.

임팩트 투자자의 자격을 갖추기 위해 최소 6년간 금융 산업에 대한 훈련을 거쳐야만 한다. 투자 업무는 힘들 뿐만 아니라 위험성이 높기 때문이다. 사회 변화에 대한 대응도 투자 업무와 마찬가지로 힘들고 위험성이 높다. 그렇다면 임팩트 투자자의 자격을 갖추기 위한 사회적 훈련 기간은 얼마나 필요할까? 임팩트 투자에 관심이 있는 투자자라면, 투자 기관이 명시적으로 요구하지 않더라도 지속적인 사회적 교육이 필요하다는 점을 명심해야 한다. 더불어 투자 기관도 개인 투자자에게만 그 책임을 전가하기보다 사회적 교육에 필요한 시스템과 구조를 구축해야 한다. 임팩트 투자는 집단적 사고와 행동이 필요하기 때문이다.

간접 경험으로는 결코 전문가가 될 수 없다. 다르게 말하면, 직접 경험만큼 중요한 것은 없다. 사회 분야의 석사 학위를 취득하면, 사회의식이 높아질 수는 있지만, 그렇다고 해서 임팩트 대상자들을 대신해 사안을 결정할 자격이 주어지는 것은 아니다. 그러므로 MBA 프로그램에 사회적 교육 과정을 추가하는 데 그치지 않고, 글로벌 지역 사회와 관계를 맺을 수 있는 구조적 혁신이 필요하다.

사회의 변화를 알아차리는 것은 그리 간단하지 않다. 사회는 세상 그 어떤 것 못지않게 빠르게 변화하고, 끊임없이 진화하고 있기 때문이다. 예를 들어, 나는 스스로 성 소수자 권리 운동에 대해 상당한 수준의 정보를 가지고 있다고 자부하며 살아왔다. 고등학교에 다닐 때는 전국적인 네트워크인 동성애자와 이성애자의 동맹GSA: Gay Straight Alliance의 회원이었으며, 그 후에도 계속해서 성 소수자의 권리 보장에 대한 교육을 받는 등 많은 노력을 해왔기 때문이다.

하지만 내가 완벽한 정보를 가지고 있지 않다는 사실을 인정하게 된 사건이 있었다. 중학교 때 가장 친했던 친구는 고등학교를 졸업한 직후, 자신이 '트랜스젠더transgender'라고 커밍아웃했다. 아버지는 종종 나의 '트랜스섹슈얼transsexual' 친구가 어떻게 지내고 있는지 매우 정중하게 물었다. 나는 "트랜스섹슈얼이라고 말하지 마세요. 그건 모욕적인 표현이에요. 더 올바른 용어는 트랜스젠더예요."라고 대답했다.

60만 명이 넘는 회원을 보유하고 있는 흑인의 정치력 강화를 위한 온라인 옹호 단체 컬러 오브 체인지Color Of Change의 상무이사이자 내 친구인 라샤드 로빈슨Rashad Robinson에게 아버지와의 일화를 들려주었다. 선의를 가진 사람들이 항상 올바른 언어를 선택하는 것은 아니라는 점을 설명하기 위해서였다. 아버지가 적절한 용어를 선택한 것은 아니었지만, 내 어린 시절 친구를 배려하는 마음만은 진심이었다. 라샤드 로빈슨은 웃으면서 "네 말이 맞아. 그런데 최근에 다시 '트랜스섹슈얼'이라는 용어가 많이 사용되고 있어. 왜냐하면 '섹스sex'는 생물학적 용어인 반면 '젠더gender'는 사회적 개념이기 때문이야." 그는 유명한 성 소수자 인권 단체에서 일한 경험이 있는데다 게이였기 때문에, 적절한 용어 선택에 대한 변화에 익숙했고 이해도도 높았다. 잘못된 언어 선택을 한 사람은 아버지가 아니라 나였다.

비슷한 예로, 선의를 가진 일부 사회 운동가들이 '흑인의 생명도 중요하다BLM: Black Lives Matter**'라는 문구를 '만인의 생명은 중요하다All Lives Matter'라고 변경하며, 사람들의 반발을 산 일이 있었다. 전자가 흑인의 인권만 중요하다는 의미가 아니었음에도 불구하고, 후자를 사용해 문제의 본질을 흐렸기 때문이다. 열대 우림을 보호해야 한다고 말하는 사람들에게 다른 숲에는 신경을 쓰지 않는다고 비난할 사람은 없는 것과 같은 맥락이다.

어떤 사람들은 정확한 용어를 사용해야 한다는 주장을 대수롭지 않게 여길 수도 있다. 하지만 정확한 용어를 선택하는 것은

---

* 2012년 미국에서 흑인 소년을 죽인 백인 방범 요원이 이듬해 무죄 평결을 받고 풀려나면서 시작된 흑인 민권 운동이다. 2020년 5월 백인 경찰관의 가혹 행위로 흑인 남성이 숨진 사건이 발생한 뒤 전 세계적으로 재확산되었다.

모든 일의 시작점이 되고, 이는 진정한 대화로 이어지는 발판이 된다. 이를 위해 상당하고도 지속적인 관심이 요구된다. 지역 사회를 이해하기 위해서도 마찬가지이다. 매우 고통스럽고 상처받기 쉬운 주제를 다루려면, 지역 사회와 깊은 관계를 형성하며 얻은 지식이 뒷받침되어야 한다.

임팩트 펀드 매니저들에게 금융 교육과 함께 사회적 교육을 어떻게 받았는지 물어본다면, 대부분 당황스러워하며 놀랍다는 반응을 보일 것이다. 사회적 교육을 생각한 적이 없기 때문에, 대답을 하기 위해서는 일상적인 피치 스크립트*에서 벗어나야 할 것이다. 사회적 교육에 대한 질문에 몇몇은 『뉴욕 타임스New York Times』를 읽었다고 대답했고, 어떤 이들은 다른 팀원들에게 의존한다고 말했다. 안타깝게도 가장 흔했던 대답은 "임팩트는 그냥 보면 알아요."이다. 이는 사회적 교육에 대한 책임을 회피하는 것과 다름없다.

선진국에서 살고 있는 임팩트 투자자들은 개발 도상국에서 시간을 보낼 수 있는 기회가 제한되어 있고, 가난한 사람들과 어울려 살고 있지도 않다. 기껏해야 사무실로 돌아가기 전에 몇 시간 동안 그들이 있는 곳을 방문하는 행동이 전부이다. 그렇기 때

---

* Pitch script, 금융권에서 미팅 시에 상대방에게 전달할 내용을 본인만 볼 수 있도록 적어 놓은 메모를 말하며, 주로 본인의 주장, 설득 논리, 예상 질문에 대한 답변 등이 적혀 있다.

문에 지역 사회와 연결이 제한적일 수 있다. 그렇다고 해서 투자자들이 관심을 아예 두지 않는 것도 아니다. 하지만 현장에 나갈 수 있는 환경이나 시간이 턱없이 부족한 경우가 많다. 그들의 업무가 구조적으로 지역 사회보다 투자 고객에게 초점이 맞춰져 있는 탓이다.

사회 운동가가 투자자 혹은 기업가가 되기 위해 MBA 학위가 필요한 것처럼, 투자자 혹은 기업가가 사회 운동을 하고 싶다면 적어도 2년 동안은 현장 경험을 쌓아야 할 것이다. 투자자가 시간적 제약으로 인해 특정 국가나 특정 지역 사회에 적합한 산업을 구축하기 어려운 상황에 놓여 있을 수도 있다. 이 경우에는 선진국 내에서 이루어지는 임팩트 투자, 다른 국내 임팩트 투자자와의 돈독한 네트워크 구축, 개발 도상국의 현지 팀들을 지원하는 방법 등에 더욱 집중해야 한다.

## 앞으로 나아가야 할 방향

지금까지 임팩트 투자 산업이 직면한 여러 가지 문제적 관행을 확인했다. 문제의 본질은 가난한 사람들과 전 세계에 나쁜 영향력을 행하는 악한 경제 행위자들이 존재한다는 사실이 아니다. 선의를 가지고 있고 사회 변화를 불러일으키는 데 매우 헌신적인 사람들이 많음에도 불구하고, 종종 잘못된 접근 방식을 취하고 있다는 사실이 가장 큰 문제이다.

# 현명한 규모
# 확대 방향

내가 임팩트 투자 산업에 의구심을 느끼기 시작할 즈음에, 세상은 임팩트 투자가 지닌 놀라운 잠재력을 이해하기 시작했다. 임팩트 투자 산업에 종사하는 사람들은 마침내 '주류'가 되었다는 사실에 떠들썩해 있었다. 2010년 제이피 모건은 임팩트 투자 산업이 향후 10년간 최대 6,670억 달러의 이익을 창출할 것이라는 파급력 있는 예측이 담긴 보고서 「임

팩트 투자: 신흥 자산군「Impact Investments: An Emerging Asset Class」을 발간하기도 했다.[1] 보고서에는 가난을 종식시킬 시장에 기반한 해결책에 사람들이 점차 관심을 보이고 있다는 내용이 포함되어 있었다. 또 전통적인 원조 사업의 미래가 불안정해지고 있기 때문에, 개발 원조에 투입되는 자금이 지금의 유입 속도를 유지한다는 가정하에 임팩트 투자에 투입될 자금은 공식적인 개발 원조 자금의 10배에 이를 것이라는 예측도 덧붙여져 있었다.

엄청난 수치일 뿐만 아니라 주요 금융 기관들이 마침내 임팩트 투자에 주목하고 있다는 사실이 무척이나 놀라웠다. 이는 주요 금융 기관이 임팩트 투자 산업의 리더가 되기 위해 준비하고 있다는 의미이기도 했다.

## 공정성을 대하는 태도

임팩트 투자 산업이 맞이하게 된 변화에 겁이 나기도 했다. 임팩트 투자 산업을 안정화시키고 규모를 빠르게 확대하고, 임팩트 투자가 논리적·윤리적 측면에서 고전했던 원조 사업을 대체하기를 바랐다. 그러나 가난을 해결할 수 있는 마법 같은 방법이 있고 규모를 확장시킬 수 있다고 무작정 자신하는 것은 자칫 빈곤 퇴치 수단을 마치 운동화를 사듯 유행에 따라 바꿀 수 있는 것으로 착각하게 만드는 위험에 빠뜨린다. 처음부터 제대로 된 효과를 발휘할 수 없는 해결책 혹은 규모가 확장하는 동안 변질되어 효과가 없어진 해결책은 결국 폐기되고 말 것이다.

원조 사업을 비롯한 실패한 해결책에 수십억 달러가 투입되는 상황이 벌어지고 있다. 그렇다면 임팩트 투자가 실패하지 않기 위해 바로잡아야 할 것은 무엇인지 생각해야 할 때이다. 이제까지 임팩트 투자를 다룬 거의 모든 글, 특히 실무자들이 쓴 글들은 긍정적인 전망만 조명한 것이 사실이다. 실무자들과 지지자들은 임팩트 투자의 법적 근거를 구축하고 개념을 명료하게 정의하기 위해서, 임팩트뿐만 아니라 재무적 성과도 원했다. 물론 재무적 성과의 중요성을 인지하고 있다. 나 역시 새로운 투자자들과 더 많은 돈이 임팩트 투자에 유입되기를 바란다. 사회가 화석 연료, 사설 교도소, 노동 착취형 일자리로부터 최대한 빨리 벗어나기를 희망한다. 하지만 사람들이 단지 임팩트 투자를 받아들이고 규모를 확장하는 데에만 관심을 두고 있다는 점이 나를 괴롭혔다.

임팩트 투자가 당면한 과제에 대해 의미 있는 주제를 거론하는 사람은 극소수였다. 임팩트 투자 산업이 확장되는 동안 잘못된 문제를 고쳐야 한다고 말하는 내가 습관적 반대론자처럼 느껴지기도 했다. 사람들은 으레 "임팩트 투자 산업은 이제 막 시작된 분야야. 그러니까 비판하지 마. 계속 비판하기만 한다면 규모를 확장할 수 없을 거야."라고 반응했다. 하지만 비판하지 않는다면, 임팩트 투자의 잠재력을 고양시키기 어려워질 것이다. 나는 20년 후에 임팩트 투자가 사람들의 삶을 더 나빠지게 만들었다는 평가를 받을까 봐 두려웠다.

투자자로서 공정성에 대해 거론하는 것이 때때로 순진한 낙관주의자처럼 보일 수 있다. 누군가는 애당초 공정하게 설계된 적 없는 경제 시스템을 두고 "이건 공정하지 않아!"라고 홀로 외치는 내 모습을 5살 아이 특유의 투정 같다고 말할 것이다. 하지만 공정성에 대해 심도 있게 생각해야만 한다. 100만 명의 삶을 개선시키는 것은 중요한 일이다. 하지만 이 일에 관계된 모든 사람들이 예전보다 더 나은 결과를 얻는 데에 만족해서는 안 된다. 사람들이 마땅히 얻어야 할 것을 당연하게 얻을 수 있는 구조를 확립하는 것을 지향해야 한다.

규모를 확장하는 과정에서 임팩트가 그저 선을 추구하도록 내버려 두는 것은 너무 쉽다. 우리는 보다 근본적인 변화를 추구해야 한다. 착취의 고리를 끊는 것은 최선의 해결책이 아닌 타협책일 뿐이라는 사실을 명심해야 한다. 물론 점진적 변화를 통해 달성된 진전도 축하할 일이다. 하지만 근본적인 변화에 미치지 못한 채 만족하는 행위는 지적 나태이며, 임팩트 대상에 대한 책임감 결여라고 할 수 있다. 공정성과 책임감에 기반한 임팩트 투자가 규모를 올바르게 확장시킬 수 있을 것이다.

임팩트 투자의 규모 확장 속도와 범위에 대해서 나와 전혀 다른 관점을 가진 임팩트 투자자들도 많지만, 사회 변혁을 이루기 위한 그들의 헌신을 존중한다. 어느 날 토닉 모임에서 만난 임팩트 투자자와 하이킹을 한 적이 있었다. 그는 호슬라Khosla를 이끄는 마크 스트라우브Mark Straub였고, 나와 다른 관점을 가진 임팩트 투자자였다. 호슬라는 최소 100만 명의 사람들에게 영향을 미칠 수 있는 힘을 가진 사업에 투자하는 데 주력하는 기업이었다.[2] 호슬라는 임팩트에 대한 엄격하고 제한적인 정의를 따르는 대신 개발 도상국의 생활 수준을 향상시키는 전반적인 사업을 시행하고 있었다. 마크 스트라우브는 나에게 왜 더 많은 사람들을 돕는 일에 집중하지 않는지 물었다. 그리고 내가 완벽한 공정성을 띤 개입에 최우선 순위를 둔다는 점에 이의를 제기했다. 더불어 그가 "완벽을 선의 적이 되게 하지 말라."라는 옛 격언을 들려주었다. 완벽을 추구하느라 선을 망치지 말라는 의미이다. 나는 잠시 생각하다가, 이내 소리쳤다. "마크, 내가 바로 선의 적이야!"

지나치게 완벽을 추구하여 선의 적이 되는 것은 쉽지 않은 역할이다. 특히 모든 이들이 선을 행하고 있다고 여겨지는 임팩트 투자 산업 내에서는 더욱 그러하다. 하지만 임팩트 투자를 혁신함으로써, 잠재력과 가능성을 극대화할 수 있다고 믿는다. 혁신을 일으킬 수 있는 입증된 방안이 주어진다면, 임팩트 투자자들은 분명 임시방편적인 변화보다는 시스템 차원의 변화를 선택할 것이다.

공정성을 지키고자 하는 노력을 급진적이고 이상주의적인 것으로 오해할 필요는 없다. 보수적인 조직 로터리 클럽Rotary Club의 지침을 통해 공정성이 실행 가능한 목표라는 것을 확인할 수 있다. 로터리 클럽은 1933년 이후로 특정한 행동을 취하기 전에 전 세계 120만 명의 회원들에게 다음과 같은 '4-Way 테스트'를 치르도록 요구해 왔다.

| 4-Way 테스트 |

1. _____ 이것은 진실인가?

2. _____ 이것은 관련된 모든 사람들에게 공평한가?

3. _____ 이것은 선의와 더 나은 관계를 형성하는가?

4. _____ 이것은 관련된 모든 사람에게 이로운가?

다음 장에서는 트랜스폼 파이낸스 원칙을 소개한다. 이 원칙은 변혁적인 변화와 공정성을 동시에 추구하고, 임팩트 투자의 규모를 확장하는 데 도움이 되는 지침이다. 변혁적인 변화와 공정성을 추구하는 것이 올바른 것인지, 혹시 다른 요소가 더 필요하지 않은지 등의 문제는 더 나은 세상을 만드는 데 관심이 있는 사람들이 앞으로 수년 동안 토론해야 할 주제이다. 이때 임팩트 투자의 규모를 확장할 때마다 바른 길을 가고 있는지 확인하기 위하여 리트머스 테스트가 계속 필요할 것이다.

## 마이크로파이낸스에서 배울 수 있는 교훈

사회적 원칙에 대한 공평하고 강력한 약속 없이 규모 확장을 추구했을 때의 문제점은 마이크로파이낸스의 역사에서도 여실히 드러난다. 임팩트 투자는 지난 몇 년 동안 점점 더 악화되고 있는 마이크로파이낸스에 대한 평판을 외면하고자 노력했다. 임팩트 투자와 마이크로파이낸스는 표면상 차이가 존재하더라도 쿠바와 푸에르토리코Puerto Rico*처럼 '같은 새의 두 날개'라는 것을 인정하지 않을 수 없다. 임팩트 투자를 하나의 분야로 간주하는 대부분의 회계 방식에서는 여전히 임팩트 투자에 마이크로파이낸스를 포함시키고 있다. 또한 마이크로파이낸스의 상업적 인프라가 잘 발달되어 있기 때문에, 당분간 임팩트 투자 산업의 주력 분야가 될 가능성이 높다. 또한 본래 의도했던 측면에서 임팩트 투자에

---

* 쿠바는 공산주의로 남았고 푸에르토리코는 미국령이 되었지만, 오랜 기간 동안 스페인의 식민지였다는 공통점이 있다.

가장 근접한 결과로 꼽힌다. 이러한 이유로 마이크로파이낸스가 지나온 역사적 발자취를 재고할 필요가 있다.

수십 년 동안 지속된, 마이크로파이낸스가 빈곤 퇴치에 효과적인 수단이었는지에 대한 논쟁은 잠시 차치하고자 한다. 임팩트 투자의 미래를 형성하는 데 있어 더 중요한 논쟁은 마이크로파이낸스가 어떤 방식으로 규모를 확장했으며, 그 과정에서 어떤 선택을 했고, 그 선택이 지속성 있고 긍정적인 경제적·사회적 임팩트를 이끌어내는 데 어떤 영향을 미쳤는지 면밀히 검토하는 것이다.

우선 마이크로파이낸스는 '돈을 벌기 위해서 돈이 필요하다.'는 기본 원칙을 따른다. 많은 소규모 기업의 환경, 특히 여성이 주도하는 상황에서는 자본의 부족이 비효율적인 선택으로 이어지곤 한다. 예를 들어, 한 여성이 휴지 10개를 사서 낱개로 판다고 가정해보자. 보다 높은 이윤(하루 수입을 2달러에서 5달러로 만들어줄 수 있는 정도)을 창출할 수 있는 비교적 간단한 방법은 휴지 단가가 낮은 100개짜리 묶음 휴지를 사는 것이다. 그러나 이 여성에게는 100개를 당장 구매할 경제적 여유가 없다. 다른 예도 있다. 한 여성이 달걀을 팔고 달걀을 판 돈을 모아 닭을 산다면, 두 번째 닭은 이 여성의 수입을 2배로 늘려줄 수 있다. 하지만 닭을 살 수 있는 정도의 돈을 모으는 일은 항상 어렵다. 이처럼 사업 규모가 너무 작거나 기존의 은행 대출 상품으로는 해결하기 어려운 환경에 처해 있는 현재 혹은 미래의 야심에 찬 기업가들에게 소액의 자본을 제공하는 제도는 매우 효과적인 개입일 수 있다. 특히 생산적인 목적으로 대출이 제공된다면 더할 나위 없다.

마이크로파이낸스는 좋은 제도처럼 보인다. 실제로도 긍정적인 효과를 가져온다. 그러나 태생적으로 좋거나 나쁘다고 정의할 수 있는 분야가 아니다. 무엇보다 중요한 것은 실행이고, 특정한 개입이 얼마나 많은 임팩트를 만들어낼지는 구조와 실행의 조합에 달려 있다. 마이크로파이낸스는 소득 창출 및 소득 향상의 핵심 요소가 될 수 있으며, 신흥국 경제 혁신의 엔진이 될 수도 있다. 더 나아가 신용 대출 기능뿐만 아니라 저축과 보험을 포함하는 형태 등으로 다양화하거나, 기업과 개인 모두에게 신용 활용을 보장할 수도 있다. 이는 빈곤으로 인한 불이익, 즉 제값 이상의 가격이 매겨진 상품, 위험 및 기회를 취하는 데 있어 제한된 상황, 시급한 경우 어쩔 수 없이 사용해야 하는 고이율 등의 문제를 해결하는 데 도움이 된다.

마이크로파이낸스는 정부 정책 및 양질의 일자리 창출과 더불어 전 세계 빈곤층의 생계를 지원하기 위한 제도이다. 따라서 개발 도상국의 기회 부족에서 비롯되는 거시적 구조 문제에 대한 미시적 해결책으로 인정되어야 한다. 그러나 마이크로파이낸스가 해결책으로 삼은 '남의 도움 없이 스스로 상황을 개선시킨다.'는 요지는 각 개인이 발휘하는 최선의 노력에도 불구하고 종종 사람들을 계속 가난하게 만드는 구조적 결함을 무시한다. 만약 결실을 맺지 못하고 실패했을 때, 서구 사회가 국제적인 피해자 및 자국의 피해자를 비난했던 매우 위험한 서사를 다시금 강화할 수 있다.

마이크로파이낸스는 금융이 척박한 환경에서 자금의 융통을 돕는, 말 그대로 소액의 금융이다. 또 소액 대출이나 신용 활용에 그치는 게 아니라, (마치 지폐의 발명처럼) 더 많은 자원을 생성하기 위해 자원을 사용하는 과정을 더 효율적으로 만드는 금융 서비스이기도 하다. 인류가 처음으로 공동체를 구성해 식량을 경작하기 시작한 이래, 저축 모임에서 협동조합에 이르기까지 지역 사회는 여러 형태로 마이크로파이낸스를 실행해 왔다. 풀뿌리 단체들은 마이크로파이낸스의 '저렴한 신용'에 대한 접근을 옹호하며, 그들의 주요 목표로 삼고 있기도 하다.

그러나 마이크로파이낸스에 대한 두 가지 주요 논쟁이 있다. 이를 통해 임팩트 투자에 제기되는 의문에 대해 생각해 볼 수 있다. 첫째, 마이크로파이낸스가 사람들에게 도움이 되는가? 만약 그렇다면 얼마나 도움이 되는가? 이 질문에 대한 반응은 극명하게 갈릴 수 있다. 누군가는 세계 빈곤의 해결책이며 기본적으로 보장받아야 할 인권에 포함되어야 마땅하다고 주장한다. 또 다른 누군가는 부유한 사람들에게 더 많은 자원을 집중시키는 역할만 할 뿐 빈곤층을 완전히 소외시킨다고 주장한다. 둘째, 마이크로파이낸스는 돈을 벌어야 하는가? 그렇다면 얼마를 벌어야 하는가? 마이크로파이낸스의 확장과 상업적 자본의 유치 및 유지를 위해서는 시장 수익률을 달성할 수 있다는 것을 보여줄 필요가 있다는 주장도 제기된다. 반면, 진정한 의미를 가진 사회적 개입이라면 일정 규모 이상의 돈을 벌어서는 안 된다는 주장도 제기된다. 특히 마이크로파이낸스 기관의 소유권이 대대로 부유한 집단에 집중되어 있다면 더욱 그러하다고 생각된다.

성공적인 규모 확장을 정의하는 출발점이 특정 투자자의 기대 수익 달성이라고 가정해보자. 그렇다면 마이크로파이낸스라는 기치하에, 지역 사회에 제공되는 금융 서비스의 유형 측면에서 부수적인 요소가 핵심을 흔드는 주객전도가 일어날 가능성이 높다. 다시 말해, 사람들에게 실제로 도움이 되는지는 신경 쓰지 않은 채 규모 확장에만 집중하는 현상이 발생하기 쉽다. 많은 마이크로파이낸스 기관이 저축보다 대출을 장려했던 사실이 이를 뒷받침한다. 대출 마진이 훨씬 더 좋기 때문이었다. 그리고 일부 비양심적인 기관은 대출을 받지 않는 경우에는 저축 계좌 개설을 전면 금지하기도 했다. 목적이 변질되고 있다는 사실을 인지하지 못하고, 효과를 앞세워 규모를 확장하자는 움직임이 발생한 것이다. 실제로 마이크로파이낸스가 효과적인가와 어떤 환경에서 가장 효과가 좋은가에 대한 답을 찾기도 전에 궁극적으로 규모의 확장이 주된 관심과 포부가 되어버렸다.

마이크로파이낸스의 폐해는 단지 규모 확장을 임팩트보다 우선시해서가 아니다. 규모 확장을 위한 방법을 기존의 금융 시스템에서 모색했다는 것이 문제였다. 현재 금융 시스템은 수익성이 예외적으로 높은 투자 대상의 규모를 확장하는 데 효율적이다. 수익성에 대한 매우 단기적인 관점에서는 그러하다. 그러나 수익성 위주로 기관을 운영한다면, 사람들의 삶을 도외시하는 결과가 초래된다.

마이크로파이낸스를 일찍 받아들인 사람들은 마이크로파이낸스가 상업적으로 가치 있는 상품이며, 부동산 및 주식과 함께 포트폴리오에 편입될 만하다는 사실을 입증하고자 했다. 실제로 2010년까지는 상당한 성공을 거두기도 했다. 애시온 인터내셔 널Accion International이 대규모 지분을 보유한 멕시코 마이크로파이낸스 기관 콤파타모 방코Compartamos Banco는 2007년에 시가 총액 15억 달러 가치로 주식 시장에 상장했다. 이는 최초 600만 달러를 투자했던 창립 주주들에게 250배의 수익을 안겨 주었다. 연수익률은 8년간 복리로 약 100퍼센트 해당하는 금액이다.[3] 콤파타모 방코의 상장은 2007년 한 해 동안 세계에서 가장 높은 수익률을 기록한 기업 공개(IPO) 중 하나였다. (2007년은 또 다른 금융 혁신으로 불렸던 모기지의 사기 행각으로 시장이 혼란에 빠졌던 해였다.) 2010년 인도의 마이크로파이낸스 기관 SKS는 기업 공개 과정에서 엄청난 추문과 음모가 있었지만, 수백만 달러의 이익을 창출하기도 했다.

두 경우 모두 다수의 주식을 비영리 기관이 소유하였고(콤파타모 방코의 경우 심지어 최대 주주였다.), 이 수익은 더 많은 개발 사업에 재투입되었을 것이라고 추정된다. 세계적으로 약 380억 달러의 투자금이 유입되고, 6억 2400만 명의 수혜자를 확보하면서 마이크로파이낸스는 실로 하나의 산업으로 발돋움한 것이다.[4]

마이크로파이낸스의 규모가 확장되는 한편, 가난한 사람을 실제로 돕는다는 아이디어에 기반한 인기를 정당화하는 데 아까운 시간을 흘려 보내기도 했다. 마이크로파이낸스의 임팩트를 격찬했던 마크 엠 피트Mark M. Pitt와 샤히더 R. 칸드커Shahidur R. Khandker가 1998년에 발표한 연구는 잘못된 방법론에 기초했다는 이유로 같은 분야의 저명한 연구자 데이비드 로우드맨David Roudman에 의해 비판받았다.[5] 마이크로파이낸스 산업을 개척한 무함마드 유누스가 설립한 은행 그라민은 2010년 보고서를 통해 "세 가지 선행 연구를 통해, 마이크로파이낸스가 투자 성과에는 영향을 미쳤지만 빈곤과 사회 복지에 관한 광범위한 대책에는 (긍정적이든 부정적이든) 임팩트가 없었음을 시사한다."라고 결론지었다. 해당 보고서에 따르면 유일한 임팩트는 이미 소득이 높거나 사업체를 운영하는 사람들이 더 많은 혜택을 누릴 수 있었다는 것뿐이었다.[6]

나 역시 연구 문헌을 직접 검토하고 전문가를 만나 인터뷰를 하면서, 마이크로파이낸스에 대한 논거를 구축하고 성공 사례를 찾기 위해 최선을 다했다. 하지만 의구심만 커질 뿐이었다. 그래서 임팩트는 어디로 사라진 것일까?

임팩트보다 수익성을 우선시할 때, 이미 빈곤한 사람들이 더 많은 빚을 지게 되는 결과를 가져오기도 한다. 가난한 사람들을 가장 잘 지원하는 방법을 모색하는 것이 아니라 가장 수익성이 높은 활동과 서비스를 모색하기 때문에, 최소한의 혜택만 제공하는 데 그칠 수 있다. 자산 조성을 위한 하나의 잠재적 도구로 전락하게 되는 것이다. 이는 부채의 배정에 집중해 소액 대출과 신용 활용으로 마이크로파이낸스의 역할을 제한하고, 정작 가난한 사람들은 돈을 벌 수 없게 만든다.

마이크로파이낸스 기관의 소유권 구조를 짚고 넘어가지 않는다면, 금융 본연의 착취적인 본성을 드러낸다. 결국 자원이 부족한 곳의 돈을 다른 부유한 곳에 제공하는 자본 축적 과정이 되풀이된다. 여기서 가장 중요한 논점은 금리가 아니다. 마이크로파이낸스를 비판하는 대부분의 사람들은 마이크로파이낸스 기관이 이자율을 60퍼센트 이상, 심지어 200퍼센트까지 올린다는 사실을 지적하고 있다. 그러나 마이크로파이낸스 기관이 대규모의 인력을 고용하거나 더 많은 위험을 감수해야 하는 상황도 발생한다. 그렇기 때문에 고객에게 도달하는 데 필요한 비용을 고려해 높은 금리가 책정될 수도 있다. 그보다 외부 이해관계자에게 주어지는 수익(창출된 자원 중 추가적인 지원에 사용하지 않고 금융 기관에 남은 초과 자원의 양)과 고객을 위해 창출된 가치가 합리적 수준으로 배분되었는지가 더 중요하다.

마이크로파이낸스를 지지하는 많은 사람들은 가난한 사람들이 자발적으로 고금리 대출을 선택하는 현상 자체가 유용성을 증명하는 것이라고 말할 것이다. 또 가난한 사람 스스로가 제일 필요한 것이 무엇인지 잘 알고 있는 이성적인 행위자임을 인정해야 한다고 말할 것이다. 나도 이 의견에 동의한다. 하지만 실제로 가난한 사람들에게 주어진 차선책은 믿을 수 없을 정도로 끔찍하다. 그래서 어쩔 수 없이 착취적인 성격을 띤 거래를 택해야 할 수도 있다. 그러므로 금융 기관이 취하는 이익보다 더 많은 가치를 더하지 않는다면, 사회적 차원에서 불평등을 제대로 해결할 수 없다.

무함마드 유누스는 결국 『뉴욕 타임스』에 자신이 바랐던 바는 마이크로파이낸스가 막대한 수익을 내는 것이 아니라 지속 가능성을 입증하고 그에 따라 성장하는 것이었다고 밝히며, 마이크로파이낸스 산업이 걸어온 길에 실망했다는 내용의 논설을 실었다.[7] 그는 마이크로파이낸스 기관을 운영하고 투자자들에게 보상을 제공하기 위해서 10~15퍼센트 이상의 수익을 유지할 필요가 없다고 주장했다. 보수적으로 마이크로파이낸스 기관의 성과와 리스크를 평가하는 최초의 신용 평가 기관 마이크로 레이트MicroRate의 설립자 데미안 폰 슈타우펜베르크Damian von Stauffenberg도 공식적으로 마이크로파이낸스의 대출 금리가 시중 금리보다 20~30퍼센트 높아서는 안 되며, 수익성은 30퍼센트 이내로 제한되어야 한다고 언급했다.[8]

이 같은 평판을 인지한 마이크로파이낸스 산업은 금리의 투명성을 보장하고 양심적인 추심 기준을 확립하며, 불미스러운 관행으로부터 고객을 보호하는 스마트 캠페인Smart Campaign과 같은 규제 프로그램을 시행했다. 그러나 이 프로그램들은 규제해야 할 산업으로부터 독립성이 결여되어 있다는 문제를 안고 있다.

비슷한 맥락에서 많은 임팩트 투자자들이 임팩트 워싱*이라고 일컫는 관행으로 인해 실제로 해를 끼치는 투자를 할까 봐 두려워한다. 이는 일반적으로 악의가 있어서 발생되는 문제가 아니다. 현지에 별도의 조직이 부재한 채로 여러 국가에서 대규모 포트폴리오를 운용해야만 하는 어려움 때문에 발생한다. 임팩트 투자 산업은 제도권 금융 산업에 빠르게 편입되고 있지만, 이러한 위험은 잠재적 투자자들이 임팩트 투자를 꺼리도록 만든 요소가 되었다.

마이크로파이낸스 은행의 모습은 일반적인 은행들과 유사

---

* Impact-washing. 그린워싱green-washing과 유사하게 임팩트 투자라고 그럴싸하게 표현하고 포장해 사람들을 속이는 행태를 의미한다. 그린워싱은 기업들이 실질적인 친환경 경영과는 거리가 있지만 녹색 경영을 표방하는 것처럼 홍보하는 것을 말한다.

해진다. '은행이 일상적인 영업을 행할 때는 대체로 좋을 것이라고 가정해라. 그다음 너무 이상한 일을 행하지 않도록 규제해라.' 이처럼 시장이 스스로 작동하도록 둔 다음에 추후에 규제해야 한다는 철학이 범한 오류는 임팩트 투자자가 바로잡아야 할 부분이다. 단순히 기존의 경제 관행에 규제 울타리를 둘러 새로운 사람들에게 영향을 확대하는 것과 새로운 방식을 창조해 공평한 경제를 건설하는 것은 엄연히 다르다.

마이크로파이낸스 기관이 폭리를 취하는 실태에 대해 무함마드 유누스는 '소셜 비즈니스'의 개념을 설파하는 것으로 대응했다. 그가 말하는 소셜 비즈니스란 지역 사회에서 이익을 취하지 않는, 사회적 목적을 위해 형성된 사업을 의미한다. 이는 경제 행위자들이 소셜 비즈니스를 정의하는 방식인 '이익을 창출하고 그에 따라 사람들을 돕는 일반적 사업'과는 사뭇 다르다.[9] 예를 들어, 그라민 크레디트 아그리콜 펀드Grameen Credit Agricole Fund의 운용 약관에는 펀드에서 창출되는 모든 이익은 장래 사회적 목적을 위해 사용된다고 명시되어 있다. 시행하기 어렵지만, 생각해 볼 만한 흥미로운 조건이다.[10] 무함마드 유누스가 제시한 소셜 비즈니스의 개념에서 중요한 점은 사회적 사업에서 수익을 취하는 것보다, 수익을 배분하고 사용할 때 더욱 신중해야 한다는 것이다.

가와 마이크로 파이낸스 펀드GAWA Microfinance Fund, 글로벌 파트너십스Global Partnerships, 마이크로 크레디트 엔터프라이즈Micro

Credit Enterprise 등 마이크로파이낸스 산업의 주요 기관도 임팩트를 우선순위에 두는 실질적 조치를 취했다. 마이크로파이낸스가 개발을 위한 중요한 수단임에는 이견이 없다. 그렇기 때문에 임팩트 투자자들은 포트폴리오에서 마이크로파이낸스를 제외하기보다 다시금 정상 궤도로 돌려놓으려는 기관을 지원해야 한다. 더 나아가 임팩트 투자 산업을 확장하는 데 있어, 마이크로파이낸스의 실패를 통해 얻을 수 있는 교훈을 유념해야 한다.

---

| 마이크로파이낸스의 잘못된 확장 경로 |

1._____ 가난한 사람들이 더 나은 생활 수준에 도달할 수 있도록 지원하는 방법을 모색한다.

2._____ 수익성을 만들 수 있는 요소를 파악한다.

3._____ 해당 요소를 우선시해 규모를 키운다.

4._____ 역풍을 겪는다면 역풍을 야기한 요소를 규제한다.

5._____ 가난한 사람들을 도울 수 없다면, 관심을 내려놓는다. 단, 대규모 상업 자본을 활용한 규모 확장은 지속한다.


| 임팩트 투자의 올바른 확장 경로 |

1._____ 빈곤과 구조적 불평등을 해소하기 위해 질적 접근법과 양적 접근법, 미시적 접근법과 거시적 접근법이 혼합된 방법을 모색한다.

---

2. _____ 수혜자의 실질적인 이익에 초점을 맞춘 시스템 및 현장에서 얻은 교훈에 반응하는 유연한 시스템을 설계한다.

3. _____ 적정한 수준의 이익을 정의한다. 그리고 해당 지역 사회로부터 가져간 이익과 이익을 창출한 지역 사회에 재투자한 이익의 비율을 파악한다.

4. _____ 적정한 수준으로 규모를 확장한다.

높은 수익성을 보인다면 당연히 금융 시장의 주목을 받게 될 것이다. 따라서 높은 수익성은 규모를 확장하는 데 매우 효과적인 방법이다. 그러나 수익성은 핵심 요소가 아니다. 그러므로 수익성을 우선시한다면, 이윤은 높일 수 있으나 임팩트는 뒤처지는 결과가 초래된다.

이제 규모를 확장하는 효율적인 방안에 대해 고민할 차례이다. 이를 위해 수익성과 임팩트의 적절한 접점에 대해 생각해야 한다. 가장 빠르게 규모를 확장할 수 있는 방법보다 임팩트 투자 산업 확장에 적합한 모델을 강구하고자 한다. 아마도 단기적으로 규모의 희생이 뒤따를 수 있다. 하지만 장기적으로 경제 시스템의 변화를 가져올 수 있을 것이다. 그렇다면 이는 가치 있는 트레이드 오프라고 생각된다.

# 05 기본적이고도 중요한 원칙

임팩트 투자 산업에서 경력을 쌓을수록, 나는 임팩트 투자의 미래에 대해 확신하기가 점점 어려워졌다. 임팩트 투자는 단순히 자선 사업의 실수를 되풀이하고, 지역 사회가 아닌 투자자의 문제를 해결해주는 산업으로 전락할 수도 있었다. 혹은 임팩트 투자가 당면한 과제를 극복하고 근본적인 지역 사회의 자립을 이루어낼 수도 있었다. 임팩트 투자 산업은 성패의 기로에 서 있었다.

내가 임팩트 투자 산업에 발을 들인 지 10년 남짓한 때였다. 여전히 임팩트 투자의 잠재력을 강력하게 믿고 있던 시기였다. 운이 좋게도 임팩트를 효율적으로 실현하는 방법을 탐구하는 데 도움이 되는 지인들이 있었고, 이 기회를 포기하고 싶지 않았다. 덕분에 2~3년 동안 임팩트 투자의 잠재력을 실현하기 위한 새로운 접근법을 찾고 규모를 현명하게 키우는 데 몰두할 수 있었다.

## 성공적인 결과를 위한 세 가지 원칙

다카르Dakar에서 열린 세계사회포럼에 참석한 적이 있다. 세계사회포럼은 전 세계 7만 5,000명 이상의 사회 운동가들이 격년마다 모이는 행사이다. 당시 참석자 중에는 말리Mali와 감비아Gambia에서 온 여성 단체 소속의 여성 100명도 있었고, 멕시코와 브라질에서 버스를 타고 온 농부도 있었다. 또 기부 활동에 헌신적인 150개 이상의 재단과 개인으로 구성된 단체 엣지 펀더즈 얼라이언스 네트워크EDGE Funders Alliance Network에서 조직한 기부자 대표단도 있었다. 그야말로 거의 모든 사회 계층의 사람들이 참석한 포럼이었다. 나는 그 포럼에 참석한 유일한 임팩트 투자자였다.

특히 세계적인 농민 운동 조직 라 비아 캄페시나La Via Campesina

의 텐트에서 아시아, 라틴 아메리카, 아프리카 등 15개국에서 온 대표들과 많은 시간을 보낼 수 있었다. 다양한 언어를 사용해 의사소통을 해야 한다는 어려움을 겪기도 했지만, 그럼에도 불구하고 5일간 나눈 이야기는 놀라웠다.

농민 운동가들은 지적 수준이 상당했다. 그들은 세계 은행 World Bank과 유엔이 하고 있는 모든 딜에 대해 자세히 알고 있었다. 자본의 흐름을 분석했고, 글로벌 기관의 사회 정책 및 환경 정책 설계에 참여했다. 또한 지속 가능한 농업을 비롯해 유기 농업에 대해 논의했다. 더불어 정부와 농부를 연결할 수 있는 사업 모델과 협력 방안에 대해 설명해주기도 했다.

나는 그들에게 임팩트 투자가 지역 사회에 미친 영향에 대해 물었다. 하지만 임팩트 투자를 알고 있는 사람은 없었다. 그들은 사회적 목적성을 띤 자금이 토지 수탈 거래의 배후에 있거나, 빈곤 임금을 지불하는 기업에 투자되고 있다는 사실을 전혀 모르고 있었다. 그들은 충격을 받았지만 동시에 강한 호기심을 보였다. 더불어 지역 사회의 자립 체계 수립과 발전을 위한 수단으로 임팩트 투자가 효과적이라고 판단했다.

사실상 선진국 출신의 사람들이 임팩트 투자의 중심 역할을 수행해 왔다. 개발 도상국 출신의 사회 운동가들이 임팩트 투자의 미래를 형상화하고, 나아갈 궤도를 발전시켰음에도 불구하고 그들은 대체로 임팩트 투자 논의에서 소외된 상태였다. 하지만 구조적 변화가 필요했다.

농민 운동가들이 임팩트 투자를 그들이 처한 상황에 어떤 방식으로 적용할 수 있는지 파악하기 위해 그들과 여러 차례 일대일 대화를 나눴다. 그리고 세계사회포럼 마지막 날 오후 3시에 일부 참석자들을 라 비아 캄페시나의 텐트로 초대했다. 4개 대륙에서 온 25명의 대표들이 모였다. 이는 다른 텐트에 여분의 의자를 구하러 가야 할 정도로 많은 참석 인원이었다. 엣지 펀더즈 얼라이언스 네트워크의 대표단은 200~300명, 라 비아 캄페시나의 대표단은 200만~300만 명에 이르는 지지층을 대표했다. 임팩트 투자의 시작에 대해 논의하기에 충분하다고 느꼈다.

나는 임팩트 투자의 기본 개요와 진행 상황, 직면한 도전 과제를 설명했다. 그 후 대표단이 직접 현지에서 겪는 어려움을 설명하도록 했다. 더불어 임팩트 투자가 지역 사회 구성원의 꿈을 지원해줄 수 있는 비전을 공유하도록 했다. 에너지가 쌓이고 아이디어가 넘치는 시간이었다.

3시간 동안 진행된 발표가 끝나고, 공유된 비전을 지속적으로 추진할 수 있는 소규모의 실무진을 구성했다. 그 순간 임팩트 투자가 지역 사회의 자립을 위한 효과적인 수단이 될 수도 있겠다는 자신감이 생겼다. 또 임팩트 투자가 성장하는 방식에 대해 광범위한 논의를 이끌어낼 수 있다면, 원조 사업에 의존한 과거에서 벗어나 모든 인류를 위한 세계 경제 시스템으로 나아갈 수 있다고 확신했다. 이는 임팩트 투자가 완벽한 시스템이라는 확신이 아니다. 임팩트 투자가 효과적으로 분산된 리더십을 구축하고 자원에 대한 접근성을 공평하게 제공할 수 있는 올바른 시스템을 마련할 수 있다는 의미이다.

이집트 Egypt, 모잠비크 Mozambique, 멕시코, 인도, 미국 등 여러 국가의 사회 운동가가 모였다. 그들은 트랜스폼 파이낸스의 전신이 된 조직의 비전을 다듬는 데 자발적으로 참여했다. 임팩트 투자 운동을 이끌고, 투자자들을 고무시킬 수 있는 명확한 지도 원칙 기준을 다음과 같이 정리했다.

---

**| 지도 원칙 |**

1._____ 정치적 견해와 상관없이, 모든 사람이 내면의 울림을 느낄 수 있도록 진정한 공감대가 형성되어야 한다. 이 조항을 읽는 사람의 반응은 "네, 물론 원하는 바입니다. 이를 원하지 않는 사람이 있을까요?"이어야 한다.

2._____ 본질적으로 실행 가능해야 하고, 원칙은 행동 방침을 수반해야 한다. 일부 단체에서 "모든 사람들의 존엄성을 존중하라."와 같은 지도 원칙을 내세우는 경우가 있다. 물론 훌륭한 목표이지만 이 목표를 지속적으로 실행하는 방법을 아는 사람은 거의 없을 것이다. 다시 말해, 판단 및 검증 가능해야 한다. 비즈니스의 세계가 그러하듯, 측정

---

이 가능해야 관리가 가능하기 때문이다.

3. _____ 모든 분야와 전 지역 사회에 적용 가능해야 한다. 동시에 기피에 대한 핑곗거리를 제공하지 않아야 한다. (어떠한 원칙도 100퍼센트 보편적으로 적용하는 것은 불가능할 것이다. 그러나 이 조항에 부합하고자 최선을 다해야 한다.)

4. _____ 지도 원칙 조항은 세 개로 제한한다. 이는 엘리베이터 피치*가 끝나기도 전에 듣는 사람이 귀를 닫을 정도로 많은 내용은 아니다.

지도 원칙을 마음에 새기고 나자 성공적인 임팩트 투자를 위한 세 가지 원칙에 도달할 수 있었다. 첫째, 설계와 경영, 소유권에 지역 사회를 참여시켜야 한다. 지역 사회가 단순히 노동력을 제공하는 역할 또는 소비자로만 취급되는 현재의 상황을 개선하는 것이 시급하다. 지역 사회가 소유권을 확보하고 장기적인 가치 창출에 참여하며, 기업의 모든 경영 단계에 참여할 수 있도록 해야 한다. 둘째, 가져오는 이익보다 더 많은 가치를 더해야 한다. 이는 가장 직관적으로 와닿는 원칙이기도 하다. 이 원칙은 지난 10년간 비착취적 금융의 개념을 개척한 브랜든 마틴<sup>Brendan Martin</sup>

---

* Elevator pitch, 엘리베이터를 타고 올라가는 짧은 시간 내에 중요한 사람 앞에서 자신의 생각을 전달하는 행위

에게서 영감을 받은 내용이다. 셋째, 투자자와 기업가, 그리고 지역 사회 간에 위험과 수익의 균형을 공정하게 유지해야 한다. 이를 통해 공정성의 개념을 정립할 수 있을 것으로 기대한다. 그동안 "그 사람들에게는 그 정도면 충분하다."라는 의미를 내포한 비즈니스 용어를 너무 자주 접했다. 이는 임팩트가 목적이 아니라면 어쩌면 괜찮아 보였을 수도 있다. 하지만 임팩트 투자의 관점에서는 그렇지 않다. 기존의 관행은 모든 이해관계자들의 기여를 진심으로 인정하기보다 근본적으로 무엇인가를 빼앗는 느낌이 든다.

세 가지 원칙이 모든 문제의 해결책이 될 수는 없을 것이다. 또한 나 스스로가 모든 해답을 알고 있다고 생각할 정도로 오만하지 않다. 나의 주된 목표는 사람들이 올바른 질문을 하는 데 집중하도록 돕는 것이었고, 이 과정에서 이미 일선에서 행동하고 있는 수천 명의 현명한 사람들을 모으는 것이었다. 그다음 단계는 원칙에 부합하는 모범 사례를 만드는 것이었다. 나는 무조건적으로 반대하기보다 해결책을 강조하고자 했다. 사회 운동가들이 실천 가능한 대안 없이 끊임없이 문제점만 지적하는 상황에 피로감을 느꼈기 때문이다.

다음 장의 내용 중 3분의 1은 비판에 할애했고 나머지 3분의 2는 개선을 위한 기회에 할애했다. 이를 통해 지역 사회의 구성원 스스로가 해결책의 일부라는 사실을 깨닫기를 바랐다.

나는 투자자, 기업가, 사회 운동가 등이 연계될 수 있도록 돕는 단체를 조직해야 할 필요성을 느꼈다. 마침 많은 사람들이 비영리 단체 설립에 지대한 관심을 표명했고, 지역 사회의 자립을 돕는 비영리 단체 트랜스폼 파이낸스를 설립하게 되었다. 그 후 트랜스폼 파이낸스에 쏟아진 열정적인 반응에 놀랐다. 소셜 벤처 투자 콘퍼런스에서 말 그대로 '음료를 받기 위해 줄을 서 있다가' 언더독 재단Underdog Foundation을 대표하는 데이비드 버지David Berge 로부터 최초의 투자 제안을 받은 적도 있다.

나의 업무 경력을 감안하면, 당시에는 단체를 운영하는 일보다 투자 업무에 전념하고 싶었다. 그래서 내 친구이자 오랜 동료인 안드레아 아르메니Andrea Armeni를 트랜스폼 파이낸스의 공동 창립자 겸 상무 이사로 영입했다. 물론 트랜스폼 파이낸스는 앞서 설명한 세 가지 원칙을 기반으로 만들어졌다.

우리가 세상을 바꿀 수 있다면

# 06  평등한 기회와
## 강력한 연대의 힘

트랜스폼 파이낸스가 고수하는
원칙이 현실에서 실행되는 방식뿐만 아니라 실제로 미치는 영향
에 대해 소개하고자 한다. 이를 통해 공정성과 책임성에 대한 탐
구가 의사 결정을 어떻게 변화시키고, 구조를 확립하는 데 어떤
영향을 미치는지, 또 위험과 수익이 어떻게 나뉘는지 알 수 있다.
트랜스폼 파이낸스 원칙은 단지 프레임워크에 그치는 것이

아니라 모든 요소의 상호 작용을 통해 임팩트 투자가 긍정적인 방향으로 진화하는 데 밑거름이 된다. 이러한 이유로 향후 10년 동안 다양한 방식으로 현실에 적용될 것으로 기대된다.

이때 성공 사례만 제시하기보다 그 과정을 가감 없이 보여주고자 한다. 참고로 덧붙이자면, 모든 사례는 파이 인베스트먼트 또는 리브라 파운데이션Libra Foundation과 연관되어 있다. 내가 가장 잘 알고 있는 사례를 언급하는 것이 신뢰할 수 있는 정보를 제공하는 최선의 방법이라고 생각했기 때문이다.

## 책임을 다하는 것

트랜스폼 파이낸스의 첫 번째 원칙은 '설계와 경영, 소유권에 지역 사회를 참여시켜야 한다.'는 것이다. 이는 이해관계자 간의 평등한 참여 구조와 분산된 리더십을 통해 지역 사회에 책임을 다하고자 하는 바람을 기반으로 한 원칙이다. 책임감은 중대한 권한에는 의무가 따른다는 개념뿐만 아니라 기본적인 사회 정의의 원칙, 즉 임팩트의 대상인 지역 사회로부터 지침을 받고 이를 따라야 한다는 원칙을 뒷받침한다.

투자자는 상호 작용에서 암묵적으로 권력을 가지기 마련이다. 이는 기업가와 지역 사회가 권력을 전혀 가지고 있지 않다는 의미가 아니다. 투자자에게 다른 사람들을 대신해서 결정을 내릴 수 있는, 매우 특정한 유형의 권력을 부여하는 돈의 특징을 설명하는 것이다. 투자자가 결정을 내릴 때 다른 사람들의 필요와 욕구, 문화 또는 가치관에 대한 이해 등의 요소를 고려할 수도 있다. 하지만 투자자의 개인적인 성향에 따라서 전혀 반영하지 않을 수도 있다. 그렇기 때문에 투자 결정을 내릴 때는 확고한 기준이 필요하다.

트랜스폼 파이낸스도 주요 거래 조건이나 직원 지분 기금*의 규모, 생산자에 대한 수익 배분 금액 또는 이자율을 협상할 때마다, 지역 사회를 대신하여 결정을 내린다. 의사 결정 과정에서 책임감 있게 행동할 수 있도록 다음의 세 가지 사항을 고려한다. 첫째, 직무 교육을 받는 것처럼 사회적 교육을 받고 더 나아가 지역 사회와 관계를 진지하게 받아들여야 한다. 둘째, 최선의 결과를 달성하기도 전에 만족하는 상황을 경계하고, 항상 최선의 노력을 경주해야 한다. 셋째, 설계와 경영, 소유권 구조를 재고해 적절한 사람들이 중요한 결정을 내릴 수 있는 위치에 있는지 확인해야 한다.

---

- 기업이 제한부 주식(일정한 조건을 붙여 회사의 임직원에게 보수로써 지급하는 미등록 주식)이나 스톡옵션(회사가 임직원에게 일정량의 주식을 매입해서 시장에 처분할 수 있도록 부여한 권리)을 부여할 수 있는 보유 주식 혹은 준비금

## 사회적 교육과 사회적 책임

지역 사회가 임팩트 투자에 참여하도록 만들기 위해서는, 우선 임팩트 전략에 대한 책무를 투자 전략에 대한 책무와 마찬가지로 진지하게 받아들여야 한다. 사회 및 환경 문제에 대해 지속적으로 교육하고, 지역 사회 및 사회 운동가와 관계를 강화하며, 임팩트 투자 과정에서 진정한 임팩트를 갖추는 방법 등의 전문지식을 개발해야 한다는 의미이다. 예를 들어, 주간에는 기업 가치 평가와 거래 조건을 조정하는 업무를 하고 야간에는 지역 사회 내의 마을 회관에서 현장 경험을 쌓을 수 있다. 혹은 프라이빗 에쿼티 콘퍼런스에 참석하는 것과 미국 최대의 인종 정의 콘퍼런스 페이싱 레이스Facing Race에 참석하는 것에 시간과 예산을 동일하게 사용할 수도 있다.

나는 지난 몇 년 동안 1년 중 2~3개월은 브라질의 빈민가에서 살았다. 그곳에서 낮에는 정규직으로 일했으며, 밤과 주말에는 월평균 460달러를 버는 사람들과 친밀하게 지내며 그들의 현실을 밀접하게 볼 수 있었다. 나는 비록 투자자이긴 했지만 나와 지역 사회의 교류가 기업 실사를 위한 출장 같은 것은 아니었다.[1] 누군가는 현실적인 이유 등으로 나만큼 많은 시간을 해외 현지 활동에 할애하지 못할 수도 있다. 그렇다면 집에 머물면서 지역 사회와 연결 고리를 만드는 데 집중해도 좋다. 예를 들어 스포츠,

영적 수행 혹은 환경 운동이나 이민자 권리와 같은 명분을 통해 서로 다른 계급과 민족적 배경을 가진 사람들과 연결되는 방법을 찾을 수 있다. 결국 삶의 모든 요소가 업무의 일부가 될 수 있는 것이다.

사람들이 나에게 기대하는 기술 역량은 이를 테면, 능률적인 기업가를 평가하고 기업 가치 평가를 수행하고, 계약서를 명확하게 작성하며 균형 잡힌 포트폴리오를 구축하는 등 투자자로서 터득한 내용일 수 있다. 하지만 나는 임팩트 투자의 발전을 위해 사회적 교육과 금융 교육을 모두 적극적으로 추구하는 데 중점을 두고자 한다.

나는 인종 정의 운동에 참여하면서, 백인으로서 유색 인종 공동체에 대한 책임감을 실감할 수 있었다. 또 연대 행동이 지닌 강력한 힘을 이해할 수 있었다. 한 예로, 오클랜드 경찰서 시위는 서로 다른 인종 집단에게 각각 매우 분명한 역할과 책임을 부여하면서, 여타 인종 집단이 흑인 집단과 연대하는 모습을 명확하게 보여주었다. 그날 사람들이 시위 현장에 도착했을 때, 자원봉사자가 시위 참여자들이 각각 어디에 자리 잡아야 하는지 설명했다. 아시안 포 블랙 라이브스Asians for Black Lives 회원들은 정문을 막고 있었다. 블랙아웃 콜렉티브Black-OUT Collective 회원들은 경찰서 건물 앞에서 시위를 이끌고 있었다. 백인들은 길 건너편 중앙 분리대에 지정된 구역을 차지하고 있었다. 블랙아웃 콜렉티브 회원들이 "연대가 어떤 모습인지 보여달라!"라고 외치면, 다른 사람들은 "이것이 연대의 모습이다."라고 응답했다. 이는 백인과 아시아인으로 구성된 연합군이 이 시위의 '리더'가 될 수 없으며, 모두를 대표해 군중 앞에 서거나 언론사 보도에 응하거나, 중대한 결정을 내릴 수는 없음을 시사한다. 비가 퍼붓고 있었고 연합군이 경찰에게 체포될 가능성은 가장 낮았다. 하지만 추위와 폭우에서 버티는 측면에서는 연합군이 분명한 승자였다. 당일 만나기로 한 기업가들에게 들려줄 중요한 이야기가 생긴 것이다. 시위 활동을 마치고 10시에 '업무에 적합한 상태'로 투자 사무실에 복귀한 나를 본 동료들은 흥미로워했다.

이와 같은 연대의 힘을 임팩트 투자에 어떻게 적용해야 할 수 있을까? 이 지점에서 특히나 투자자라는 지위뿐만 아니라 인종적으로나 계층적으로 특권을 가진 사람인 나는 더욱 조심스러워진다. 그래서 나의 역할을 분명히 규정하기보다 나를 어떻게 표현할지에 대해 상당히 주의를 기울이는 편이다. 예를 들어, 첫 모임이 진행되는 경우 처음 1시간 동안은 거의 말을 하지 않는다. 권력 관계가 어떻게 작동하고 있는지 파악하는 데까지 시간이 필요하기 때문이다. 그 시점에 이르렀다면 혹은 내가 주최자에 가까운 역할을 수행해야 하는 경우라면, 소극적인 사람들의 의견을 이끌어내기 위해 노력한다. 모임에서 가장 목소리가 큰 사람들이 다른 종류의 지식과 경험을 가진 사람들에게 주의를 기울일 수 있도록 돕기 위해서이다.

개인이 임팩트 투자에 대한 강한 신념과 구체적인 생각을 가질 수 있다. 하지만 집단 혹은 지역 사회의 관점이 개인적 시각과 일치하지 않을 수도 있다. 이때 열린 마음으로 대화할 수 있는 상태인지 스스로 확인해야 할 것이다. 특히 사람들과 교류할 때 권력을 가지고 있는 위치라면, 사려 깊게 생각하고 적절한 시기에 그 권력을 의도적으로 이양하는 방법을 찾고자 노력하는 것이 좋다. 더불어 최전방보다 '중앙 분리 지역'에 머무르는 것이 사회 변화에 더 많이 기여할 수 있다는 사실을 기억해야 한다. 이로써 연대의 힘이 제대로 발휘할 수 있는 기틀이 마련될 수 있다.

사람들은 임팩트 투자의 특권 중 하나가 칵테일파티에서 전통적인 재무 상담자들에게 흥미로운 대화 주제를 제공할 수 있다는 것이라고 폄하한다. 부유한 고객들을 위해 단순히 돈을 더 버는 것이 아니라, 사회적 편익을 고려한 행동을 한다고 하면 다른 사람들의 존경을 받을 수 있다고 생각하기 때문이다. 이 같은 존경을 받을 경우, 스스로 책임감을 가지고 선한 일을 행하고 있다고 느끼기 쉽다. 하지만 스스로를 칭찬하기 이전에 책임감에 대해 다시금 생각해야 한다.

공장 노동자나 농부의 눈을 똑바로 쳐다보며, 이 투자를 어떻게 구성했는지, 그리고 이 투자가 얼마나 당신과 나, 그리고 다른 모든 사람들에게 공정한 보상을 제공하도록 설계되었는지에 대해 말할 수 있어야 한다. 예를 들어, 멕시코의 한 여성에게 "저는 콤파타모 방코의 신규 주식 상장으로 250배의 돈을 벌었고, 이로 인해 당신은 닭 10마리를 살 수 있게 되어 기쁩니다."[2] 혹은 "바니스 백화점에서 방금 1,200달러에 팔린 손뜨개 스웨터로 당신이 6달러를 벌 수 있어서 기쁩니다. 그 백화점은 70퍼센트(또는 더 높은)의 수익을 누릴 자격이 있죠."라고 이야기하는 것을 상상할 수 없을 것이다. 임팩트 투자자라면, 모든 이들의 눈을 똑바로 바라보면서, 타당하고 자랑스러운 답변을 줄 수 있어야 한다.

공정한 시스템을 만들기 위해서는 투자자, 기업가, 지역 사회 구성원 간의 균형이 바로잡혀야 한다. 투자자와 기업가가 자신의 행동을 검증하지 않은 채, 의사 결정을 지속한다면 최선의 계획일지라도 쉽게 무너질 수 있다. 다시 말해, 행동에 동기를 부여하는 사회 운동과 실질적인 연관 없이 선행만 하고자 한다면 선행은커녕 해를 끼칠 공산이 꽤 높다.

지역 사회에 대한 책임감과 실질적 참여가 임팩트 투자에서 얼마나 중요한 역할을 차지하는지 알아볼 수 있는 사례가 있다. 멕시코의 오악사카<sup>Oaxaca*</sup>에서 시도되었던, 매우 다른 성격의 두 가지 임팩트 프로젝트이다. 두 프로젝트 모두 트랜스폼 파이낸스의 첫 번째 원칙의 중요성을 뒷받침한다.

---

* 멕시코 남부 오악사카 주의 주도로, 1529년에 스페인 사람들이 시가지를 건설했다.

임팩트 투자의 어려움 중 하나는 제대로 효과를 거두기 위해 정말로 '모든 것에 대한 모든 것'을 알고 있어야 한다는 점이다. 풍력과 태양광 중 어떤 것이 환경적으로 더 효율적일까? 가정용 태양광과 마을 단위의 마이크로그리드* 중에 어떤 것이 더 효과 적일까? 직접 무역이 공정 무역보다 나은가? 수력 발전을 위한 댐 건설은 특정 지역에 어떤 영향을 끼치는가? 이중 하나의 질문 에서 사소한 실수나 판단 착오가 생긴다면, 엄청난 파장이 일어 날 수 있다.

임팩트 투자자가 모든 지식을 가지고 있을 필요는 없지만, 각각의 상황에서 적합한 조언을 구할 수 있는 능력은 반드시 필 요하다. 올바른 질문을 하기 위해선 기본적인 배경 지식이 필요 하기 때문에 이마저도 어려울 수 있다. 결국에는 투자업계에 종 사하는 동료로부터 얻은 정보에 지나치게 의존하게 될 수도 있는 데, 그 동료가 현장의 역학 관계에 실질적인 통찰력이 있는지는 확인된 바 없다는 사실을 명심해야 한다.

---

\* Microgrid, 소규모 지역에서 전력을 자급자족할 수 있는 작은 단위의 스마트그리드 시스 템. 즉 소규모 독립형 전력망으로 태양광·풍력 등 재생 에너지원과 에너지저장장치[ESS]가 융·복합된 차세대 전력 체계이다.

임팩트 투자자가 올바른 조언자를 찾아 올바른 질문을 하는 데 실패한 경우, 얼마나 끔찍한 결과를 불러올 수 있는지 오악사카의 프로젝트에서 절실하게 깨달았다. 이 경험을 통해 분주한 투자 과정에서 아무리 시간에 쫓기더라도, 누구에게 자문을 구할지에 대해서만큼은 정말 신중을 기해야 한다는 생각이 확고해졌다.

다시 말해, 단순히 투자 통찰력을 가진 제일 먼저 질문에 대한 답을 해줄 만한 사람에게 조언을 구하는 것 이상의 업무가 요구된다. 사회 운동가, 지역 사회 기반의 조직, 지역 사회 구성원의 통찰도 필요하다. 또한 반드시 처음부터 프로젝트의 설계와 경영, 소유권에 지역 사회의 참여를 보장해야 한다. 이는 단지 사회적 임팩트를 보장하기 위해서뿐만 아니라, 재정적 위험을 최소화하기 위해서도 필요하다.

다음과 같은 메일을 받았다고 상상해보자.

중남미에서 가장 큰 바람길로 꼽히는 남부 멕시코 지역에서 시행될 예정인 풍력 발전 프로젝트가 있다. 이 프로젝트는 20퍼센트 이상의 초과 수익이 기대된다.

명성이 자자한 개발 은행과 멕시코 정부, 그리고 몇몇 풍력 발전 회사들이 공동 출자했다. 풍력 발전 회사들은 현지 당국과 협약을 맺어 터빈 설치에 대한 승인을 받았다. 그들은 가난한 지역 사회에 수백 개의 일자리를 창출하면서, 100만 톤 이상의 탄소를 상쇄할 수 있는 재생 가능한 자원을 국가에 공급할 계획이다. 투자 금액은 5억 5,000만 달러이며, 개발 은행은 실사를 수행한 이후 사업을 승인했다.

긍정적인 측면이 부각되어 있는 이 프로젝트는 사실상 멕시코 언론과 수많은 지역 사회 단체들이 보도한 바와 같이, 부정적인 측면이 아주 많다.

2012년 해당 프로젝트에 착수했을 때, 의사 결정자들은 지역 사회에서 이를 얼마큼 반대하는지 인식하지 못했다. 한 현지 관찰자는 『멕시코 재생 에너지Renewable Energy Mexico』를 통해 다음과 같이 비판했다. "스페인 기업들이 주도해 개발한 바람길을 테우안테펙Tehuantepec 지협에 건설하는 것은 새로운 형태의 식민지 정복과 같다. 자포테코Zapoteco와 이쿠트Ikoot의 원주민 공동체가 불공정하고 불리한 계약을 통해 1만 2,000헥타르의 땅에서 쫓겨났기 때문이다. 이 프로젝트는 민간 주도 사업의 이익만을 위한 일이었으며, 원주민들의 땅과 바람을 이용해서 전기를 생산하는 약탈적 행위에 지나지 않는다."[3]

이 기사로 인해 지역 사회 소유의 토지를 사용하면서 '임대료'라는 명목으로 겨우 한 달에 50달러가 원주민 공동체에 지급된 만행이 밝혀졌다. 이게 끝이 아니었다. 해당 프로젝트에 대해 반대 발언을 한 지역 시위대에게 불법적인 구금과 신체적 피해가 가해졌다. 매우 공격적이고 폭력적인 방식이었다.

2012년 11월 5일에 실시된 토지 및 영토 방어를 위한 테우안테펙 지협의 지역 주민 회의가 보고한 바에 따르면, 정부 당국이 임산부를 포함한 몇몇 참석자들을 구타하고 여성을 비롯해 청소년, 노인에게 총탄을 발사하고 후추 스프레이를 분사한 사태도 있었다. 경찰은 혐의나 수감 장소에 대한 정보를 제공하지 않은 채, 여성 2명을 포함해 총 9명을 구속했다.

지역 주민 회의의 대표자들은 풍력 발전 프로젝트에 반대하는 성명을 발표했다. "테우안테펙 지협에 풍력 발전 프로젝트는 필요 없다. (중략) 풍력 발전 프로젝트로 인해 발생한 위협 및 폭력을 중단하라."[4] 이는 실제로 일어난 사건이다. 협박과 적개심, 폭력이 테러범이나 석유 회사가 아니라 풍력 발전 회사에 의해서 발생했다. 이 프로젝트의 자금 조달에는 사악하고 탐욕스러운 은행들뿐만 아니라 임팩트 투자자들과 개발 은행들도 참여했다.


## 도대체 어떻게 이런 일이 일어났을까?

외국 기업들이 지역 사회의 참여를 이끌어내는 과정을 생략하고, 재무적 수익을 공정하게 배분하기 위한 시도도 하지 않았기에 결국 풍력 발전 프로젝트는 참혹한 결과로 이어졌다. 사회적 임팩트라는 개념이 훼손되고 왜곡된 것이다. 투자자들은 자신들의 투자가 중남미에 재생 에너지를 보급하는 데 큰 보탬이 될 것이라는 말을 들었을 가능성이 높다. 지역 사회에 대단한 임팩트를 제공하는 프로젝트처럼 꾸며졌지만, 실제로는 오로지 기업가와 투자자가 임팩트를 임의로 정의하도록 내버려 두는 함정에 빠진 것이다.

2014년에 오악사카를 방문할 기회가 있었다. 트랜스폼 파이낸스의 상무 이사 안드레아 아르메니와 그루포 얀사Grupo Yansa의 설립자 세르지오 오세란스키Sergio Oceransky와 함께였다. 현장에서 24시간 동안 들은 몇 가지 이야기들은 개발 은행들이 실시한 실사 과정에서는 발견하지 못한 부분이었다.

이제부터 언급할 사례는 앞서 언급한 프로젝트와 동일한 지역에서 5년간 행해진 다양한 풍력 발전 프로젝트와 관련된 것이다. 대부분의 경우 현지 지역 사회와 합의가 형편없이 이루어졌으며, 어떤 경우에는 완전히 불법이었다.

---

**사례 1** ——— 한 마을에서 작성된 계약서에는 해당 토지가 풍력 발전에 적합한가에 대해 탐사하는 데 국한해서만 보상금이 지급되도록 명시되어 있었다. 기업들은 토지 사용에 대한 추가 합의 없이 터빈 설치를

---

강행했다. 그들은 터빈 설치를 기정사실화한 후에야, 지역 주민 각 1명 당 1년에 50페소(약 3달러)를 지급하겠다는 터무니없는 제안을 했다.

이 문제는 장기간의 법정 소송으로 이어졌다. 지역 주민들이 승소한다면 터빈과 변전소를 모두 지역 주민들이 소유하는 것으로 귀결되며, 투자자들은 수백만 달러의 손실이 발생할 수 있었다.

**사례 2** ———— 다른 마을에서는 지방 정부가 풍력 발전 회사의 조건을 수락하자(풍력 발전 회사가 부패한 공무원들에게 상당한 리베이트를 준 것으로 의심된다.), 지역 주민들이 항의의 뜻으로 정부 청사를 급습하여 장악한 일이 벌어졌다. 처음에는 이들이 급진적인 소수 집단으로 인식되었다. 그러나 2~3개월이 지나 선거철이 다가오자 상황은 달라졌다. 민주적인 투표를 통하여 이들은 공식적으로 지방 정부에 진출했고, 프로젝트를 무산시키기 위해 반격하는 행동에 동의했다.

지역 주민들이 반대한 이유는 터빈에서 발생하는 소음이 새우 떼를 쫓아내기 때문이었다. 소음은 지역 사회의 주요 생존 수단인 어촌 산업에 위협을 가할 수 있었다. 하지만 이는 사실상 풍력 발전 회사가 일련의 지원 활동을 통해 해결할 수 있는 비교적 단순한 문제이기도 했다.

**사례 3** ———— 여전히 UN 상설 포럼 UN Permanent Forum에 미해결된 사건으로 남아 있는 풍력 발전 프로젝트이다. 멕시코 정부 관리들은 서한을 통해 10일간의 공개 의견 수렴 기간 동안 웹 사이트에 계획을 게시함으로써, 사전 인지 동의Free, prior and informed consent 기준을 따랐다고 설명했다. 인터넷 보급은 고사하고 전화와 전기조차 드문 마을 회관의 어둠 속에 앉아서 한 어부가 냉소적인 말투로 나에게 이 상황을 설명해주었다.

풍력 발전 프로젝트를 이토록 형편없이 그르친 원인에 관한 몇 가지 분석이 있다. 개발 은행이 기후 변화를 다루는 주요 정상 회의 생물다양성협약 당사국총회COP13: Conference of parties 13 개최 이전에, 재생 에너지에 대한 진전 사항을 대대적으로 발표하는 데만 급급했기 때문이다. 이를 위해 개발 은행이 투자를 약속했고, 다른 투자자들도 이를 따랐을 뿐이라고 추측할 수 있다.

이유가 무엇이든 간에 재생 에너지 업계와 임팩트 투자자가 지난 수십 년 동안 반복되고 있는 토지 수탈의 문제를 완벽하게 파악하지 못했고, 이는 의도하지 않은 최악의 결과를 초래했다. 무지함으로 인해 잘못된 임팩트 투자를 선택하게 되고, 이는 결과적으로 잘못된 역사적 기록으로 남는다. 물론 잠재적으로 투자금도 잃게 된다.

임팩트 투자자들은 금융업계 종사자뿐만 아니라 지역 사회와 소통해야 한다. 또 지역 사회가 설계와 경영, 소유권에 참여하고, 이익을 배분받을 수 있도록 새로운 구조를 확립해야 한다. 더 나아가 모두에게 공평한 거래인지 고려해 임팩트 투자 결정을 내려야 한다. 이러한 원칙이 수반되어야만 긍정적이고 지속 가능한 임팩트 투자가 성립될 수 있다. 항상 완벽하지는 않겠지만, 지역 사회가 바라는 바를 정확하게 파악한다면 좋은 의도가 역효과를 가져올 가능성은 훨씬 낮아진다.

## 임팩트 투자가 잘된 사례

테우안테펙 지협의 지역 사회 구성원들은 파괴적 개발 추세에 대응하여, 풍력 발전 프로젝트에 반대하는 것이 아니라 토지에 대한 기업의 통제에 반대하는 것이라고 공식적으로 선언했다. 지역 사회 구성원들은 자신들의 영토에서 나름의 방식으로 풍력에너지를 구현할 수 있는 방법을 고민하기 시작했고, 이 과정을 그루포 얀사와 협력했다. 그 결과 투자자들에게 높은 수익을 제공하면서도 지역 사회에 소유권을 비롯한 강력한 혜택을 제공하는 풍력 에너지 개발 프로젝트를 고안할 수 있었다. 이는 푸에블로 총회Pueblo's general assembly에서 승인되었다.

익스테펙Ixtepec 마을의 자포텍Zapotec 인디언 공동체˚ 지역에서 시범 프로젝트가 진행되었다. 매우 쾌적한 환경과 천혜의 풍

---

˚   멕시코 오악사카 주에 사는 아메리칸 인디언 공동체

력 자원을 보유한 이 지역에는 3만 명 이상의 주민이 거주하고 있었다. 지역 공동체는 토지와 자원에 대하여 공동 소유와 공동 관리 제도를 유지하고 있었는데, 이 협정은 1910~1920년에 일어난 멕시코 혁명 이후 명문화된 것이다.

이와 같은 공동 재산 제도하에서는 지역 공동체가 토지를 담보로 이용하기 어렵다. 따라서 지역 공동체 차원에서 풍력 발전 프로젝트에 필요한 자금을 확보하기가 매우 힘들 가능성도 있었다. 그러나 멕시코의 국영 전력 회사가 전력량을 확정해 고정 가격에 선구매하는 20년 장기 고정 계약을 제안했다. 지역 공동체가 이 계약을 유지할 수 있고 에너지를 생산할 수 있는 한 수입이 보장되기 때문에, 투자자들은 위험 부담을 크게 줄일 수 있다. 게다가 지역 공동체가 주주 지분을 보유하기 때문에 지역 공동체의 프로젝트 소유권을 보장할 수 있다.

또 잉여 이익은 매년 그루포 얀사와 지역 공동체에 각각 절반씩 배분되는 것으로 협의되었다. 지역 공동체에 배분된 수익의 50퍼센트는 마을 관습에 따라, 삶의 질과 경제적 기회, 환경의 지속 가능성을 강화하는 데 주력하는 지역 공동체 신탁에 의해 관리될 것이다. 한 예로, 지역 공동체 주민들은 노인을 위한 연금 펀드를 조성하자는 아이디어를 제안했다. 이 경우 노인들은 자녀들이 타지에서 송금해주는 돈에 덜 의존하게 될 것이고, 젊은이들은 돈을 벌기 위해 마을을 떠나지 않아도 되는 결과까지 기대할

수 있다. 궁극적으로 지역 공동체 구성원들이 동등하게 공유할
수 있는 혜택인 것이다.

그루포 얀사에게 주어진 50퍼센트의 수익은 더 많은 지역
공동체의 재생 에너지 개발에 사용될 것이다. 따라서 이 프로젝
트는 서로 다른 지역 공동체 간의 연대에 부분적으로 기여하는
것과 다름없다. 통합적이고 지속 가능한 지역 공동체 개발의 광
범위한 프레임워크에 자금을 지원하는 역할까지 수행하게 된다.
뿐만 아니라 향후 프로젝트에 재무적으로 참여하는 것은 보장 투
자층*으로 작용하여, 그루포 얀사가 사회적·환경적 영향에 관심
을 가진 투자 기관에 접근할 때에도 도움이 될 것이다.

전 세계적으로 수천 개의 지역 사회가 청정 에너지라는 명분
하에 발생하는 토지 수탈 문제에 대해 우려를 표하고 있다. 토지
권리뿐만 아니라 노동자 대우, 환경 보존 등에 걸쳐 모든 문제에
서 몇 가지 기본적인 질문을 고려해야 한다. 임팩트 투자자로서,
지역 사회에 대해 책임을 다하기 위해 지녀야 하는 마음가짐은
어떤 것인가? 지역 사회를 프로젝트의 설계와 경영, 소유권의 최
우선 및 중심에 두는 방법은 무엇인가? 지역 사회의 요구 사항을

---

* Guarantee layer. 투자 구조에서 선순위 트랜치 투자자들이 확정적 이익을 확보하도록
보장하는 기능을 담당하는 후순위 트랜치 투자를 의미한다. 보통 운영 사업자들이 맡게
되는 경우가 많다. 여기서 트랜치 투자는 돈을 회수하는 순서를 계층화한 것이다.

고려하지 않아서 발생하는 재무적 위험을 어떻게 피할 수 있을 것인가? 협박, 적대감, 폭력이라는 낙인이 찍히는 결과를 피하기 위해 무엇을 할 수 있는가? 이에 대한 해답을 알아볼 차례이다.

# 07 가져오는 이익 이상의 가치 더하기

트랜스폼 파이낸스의 두 번째 원칙인 '가져오는 이익보다 더 많은 가치를 더해야 한다.'는 내용에 대해 알아볼 차례이다.

당신이 2001년 부에노스 아이레스<sup>Buenos Aires</sup>에서 뛰어난 경영 능력을 바탕으로 공장을 운영하고 있는 공장주라고 가정해보자. 안정성을 높이기 위해 아르헨티나<sup>Argentina</sup>의 페소와 미국의 달러를 각각 2~3군데 은행에 예치하고 있다. 전 세계로 확산되고 있는 심각한 경제 불황으로 아르헨티나도 경제적 어려움을 겪고 있으며, 페그제*를 중단해 화폐 가치가 나락으로 떨어지기 직전에 정부가 모든 은행의 인출을 금지하고 달러를 전부 페소로 환전하려고 한다는 소문이 파다하다. 이때 당신은 어떻게 대응할 것인가?

대다수의 공장주는 은행으로 뛰어가 현금을 확보하는 선택을 할 것이다. 또 챙길 수 있는 모든 것을 챙겨 브라질, 우루과이 Uruguay 등 아르헨티나를 제외한 국가로 이주할 수도 있다. 실제로 이 전략을 재빨리 실행하지 않은 사람은 페소가 달러당 1.4페소에서 4페소로 가치 절하되면서 재산이 75퍼센트 가까이 줄었다.[1]

이로써 아르헨티나의 수만 명의 공장 노동자들은 자신의 직장에 출근해서야, 공장주가 사라진 사실을 확인했고 책상 위에 놓인 공장 열쇠를 발견했다. 지난달 임금과 다음 달 임금은 아르헨티나 밖으로 사라진 후였다. 이러한 상황 속에서 공장주가 들고 가기에는 무거운 기계와 레몬 더미가 여전히 남아 있는 공장이 있었다. 노동자들은 레몬으로 레모네이드를 만들어 팔았다.

* Peg system. 자국 환율의 변동 폭을 특정 국가 환율(보통 미국 달러)의 변동 폭과 동일하게 함으로써 자국 통화 가치의 변동성을 줄이려는 제도. 한국은 1997년 달러 페그제를 포기했다. 현재 페그제를 실시하고 있는 국가로 홍콩, 말레이시아 등이 있다.

수천 명의 노동자들은 한때 일했던 공장을 스스로 인수하기 위해 협동조합을 조직했다. 더 나아가 공장을 공동으로 소유하고 함께 운영하는 방식을 택했다. 경찰은 몇 개월에 걸쳐 그들을 쫓아내려고 했다. 이는 애비 루이스Avi Lewis와 나오미 클라인Naomi Klein의 다큐멘터리 「더 테이크The Take」에 생생하게 기록된 실제 투쟁이기도 하다.

반복되는 퇴거 조치에도 노동자들은 계속해서 공장으로 복귀했다. 25퍼센트의 실업률을 기록하며 4만 명 이상의 사람들이 폐지 수집에 의존해 생계를 꾸려야 할 만큼 상황이 악화되자, 정부는 노동자들이 조직한 협동조합을 통해 좌초자산*을 활용하는 것이 낫다는 결론에 도달했다. 결국 정부는 노동자들이 일을 그대로 할 수 있도록 조치했다.[2]

브랜든 마틴은 200명 이상의 노동자들로 구성된 협동조합이 일으킨 새로운 형태의 사회 운동을 배우고, 이들과 연대하기 위해 아르헨티나로 건너간 미국인 중 한 명이었다.[3] 스페인의 몬드래곤Mondragon을 제외하면, 이처럼 큰 규모로 활동하는 협동조합을 찾기 드문 때였다. 그렇기 때문에 협동조합이 주도적인 역할

---

* Stranded assets. 처음에는 경제성이 있었지만 시장 환경의 변화로 경제적 수익을 내지 못하고 가치가 떨어진 자산을 의미한다. 최근 기후 위기 이슈로 탈석탄화가 이루어지면서 석탄 산업과 관련된 자산이 대표적인 좌초자산으로 꼽히고 있다.

을 담당하는 경제 시스템을 꿈꾸던 많은 사람들은 아르헨티나에서 일어난 협동조합의 성과에 매료되었다.

브랜든 마틴은 이들이 곧 자본의 부족으로 인해 어려움에 직면하게 될 것이라는 사실을 직감했다. 여전히 중소기업의 자본 가용성은 심각하게 제한되었는데, 특히 위기 시에는 빈곤층에게 재정적 도움이 제공되지 않았기 때문이다. 한편 전통적인 소액 대출 상품은 개인과 소규모 가내 공업에 한정되어 있었다. 실질적인 자산 창출보다 빚에 의존하는 소비를 빈번하게 권장하는 것이 실상이었다.

아르헨티나의 협동조합을 비롯한 대다수 근로 빈곤층은 자본이나 비즈니스 교육에 접근할 기회로부터 소외된 채 방치되어 있었다. 브랜든 마틴은 노동자가 소유한 협동조합의 요구에 부응하고자 기술 지원 및 사회적 투자 기구인 워킹 월드TWW:The Working World를 설립했다. 워킹 월드는 자본을 제공하고, 비교적 새로운 조직의 설립이나 운영 프로세스의 모범 사례를 만드는 데 초점을 맞췄다.[4] 2004년에 설립된 이후 아르헨티나 내 103개 협동조합에 총 450만 달러를 상회하는 1,000회 이상의 투자를 시행했으며, 대출 금액의 98퍼센트를 상환하는 놀라운 기록을 세웠다. 또한 500만 달러의 펀드를 추가적으로 확보하며 니카라과Nicaragua와 미국으로 투자 범위를 확장하는 성과도 이루었다. 이를 통해 장기적이고 체계적인 해결책을 가진 노동자 협동조합이 침체된 경제를 되살릴 수 있다는 사실을 거듭 증명했다. 워킹 월드에 투자한 투자자는 개인과 재단뿐만 아니라 협동조합도 포함되어 있었다. 노동자 협동조합에 자금을 조달함으로써 노동자가 생산 수단의 소유자가 되도록 지원하기 때문에, 노동자 계층의 자산이 증가된다. 이는 노동자 계층의 실질적 자산을 가장 효과적으로 증가시키는 투자 방침일 것이다.

워킹 월드가 설립된 지 얼마 되지 않았을 때, 브랜든 마틴은 부에노스 아이레스의 한 의류 제조 업체를 방문한 적이 있었다. 그는 매우 분주한 공장을 거닐다가 비교적 새것으로 보이는 기계가 꺼져 있는 것을 보고 놀랐다. 노동자들에게 그 이유를 묻자, 한 사람이 다음과 같이 대답했다. "마이크로파이낸스 은행이 구입을 권했던 기계입니다. 이제 쓸모없는 것이 되었지만, 여전히 할부금을 지불하고 있죠." 브랜든 마틴은 열심히 일하는 사람들이 비생산적인 자산에 대가를 지불하기 위해 수익을 토해내야 한다는 역설적 사실에 화가 치밀었다.

대출은 수익성을 떨어뜨리는 역할이 아니라 수익성을 높이는 역할을 해야 마땅하다. 금융 담당자의 잘못된 조언을 협동조합이 전적으로 책임지고 있는 상황을 목격한 순간, 그는 워킹 월드의 투자는 반드시 그들이 가져오는 이익보다 더 많은 가치를 더해야 한다고 생각했다. 그렇지 않으면 가난한 사람들을 진정 돕는다고 주장할 수 없었다.

노동자 협동조합이 벤처 사업을 확장할 수 있도록 소액의 자본을 제공한다는 점에서, 워킹 월드의 업무는 보통의 신용 담보 대출 기관과 유사하게 보인다. 하지만 몇 가지 차이점을 발견할 수 있다. 우선 워킹 월드는 협동조합과 신뢰를 구축하는 차원에서 여러 차례에 걸쳐 단기 소액 투자를 제공하고, 신뢰 관계가 형성되고 나면 장기간에 걸쳐 큰 규모의 자본을 제공한다. 또 매 투자가 진행될 때마다 워킹 월드의 직원들은 협동조합과 함께 사업에 필요한 세부 계획과 일정을 작성해야 한다. 당연히 사업 계획서는 워킹 월드와 협동조합이 모두 승인해야 한다. 대출 담당자들은 매주 프로젝트의 진행 상황을 점검하고 피드백을 해야 하며, 사업 계획서와 투자금 상환에 대해 지속적으로 모니터링하는 것도 잊어서는 안 된다. 뿐만 아니라 장기적이고 성공적으로 사업이 운영될 수 있도록 노동자들을 위한 교육 프로그램을 개설하기도 한다. 이 교육은 금융에 대한 이해도를 높이고 사업 계획 수립 및 관리 능력을 강화하는 데 초점이 맞춰져 있다.

워킹 월드와 일반적인 투자자의 차이점은 거래 구조에서도 드러난다. 워킹 월드의 거래 구조는 두 가지 핵심 목표를 달성하는 데 목적을 둔다. 첫째, 투자를 받는 협동조합의 조합원들이 부를 증식할 수 있도록 도와야 한다. 둘째, 지역 사회 내의 향후 프로젝트에 대비한 기금을 보유하기 위해 위험성을 낮춰야 한다. 따라서 각각의 거래는 다음 세 가지 기준을 충족해야 한다.[5]

기준 1. 상환을 위한 자금은 오직 투자로 인해 발생한 생산적인 결과물에서만 가져올 수 있다 | 투자가 효과적이지 않다면, 협동조합의 수익성을 향상시키는 데 도움이 되지 않는다. 당연히 협동조합은 투자금을 상환할 책임이 없다. 이 기준은 협동조합이 건전한 사업계획을 수립하고, 투자금을 본래의 의도대로 사용할 수 있도록 보장한다. 동시에 주요한 위험은 워킹 월드로 전가시켜 협동조합에게 예기치 못한 어려움을 야기하지 않도록 한다. 즉, 워킹 월드가 구입을 권유한 기계가 무용지물로 판정이 났다면, 워킹 월드의 책임도 있으므로 협동조합에 책임을 전적으로 떠넘길 수 없다.

마찬가지로 현명하고 전략적인 투자로 성과가 발생한 경우에는 워킹 월드와 협동조합이 모두 혜택을 받을 것이다. 기본 이자율과 더불어 수익 배분제*가 가능한 구조를 마련했기 때문이다. 수익 배분제하에서는 일반적인 대출 펀드보다 더 많은 수익이 창출될 가능성이 있다.

기준 2. 투자자보다 임팩트 대상에 더 높은 수익을 제공해야 한다 | 투자자의 자본을 활용했지만, 궁극적으로 가치를 창출하는 것은 근로자의 땀과 눈물이므로 혜택은 당연히 근로자에게 많이 주어져

---

* Revenue sharing, 특정 프로젝트에 대출을 진행했을 때, 창출되는 매출액을 사전에 정한 비율로 분할하는 제도이다. 이익을 나누는 이익 배분제Profit sharing와 구분된다.

야 한다는 생각에 기반한 기준이다. 사람이 생산에 참여하지 않는 한 자본은 여느 도구와 마찬가지로 쓸모없는 도구에 지나지 않는다. 이러한 접근이 투자자가 수익을 내는 것, 기업이 잠재적으로 시장 금리 수준의 수익을 내는 것을 금지하지는 않는다. 하지만 기본 전제는 노동이 자본보다 순이익 창출에 더 많은 기여를 했고, 근로자는 노력에 비례하여 합당한 돈을 받아야 한다는 점이다. 협동조합의 조합원들은 스스로가 가장 많은 혜택을 받을 수 있다는 사실을 알고 있다. 이는 자연스럽게 근로자가 업무를 하는 데 있어 원동력으로 작동할 것이다. 투자자와 근로자의 성공을 긴밀하게 연결하고, 한편으로 근로자의 자산 증식에 우선순위를 두는 것은 투자자에게는 수익성 향상을 보장하고, 근로자에게는 공정한 대우를 보장한다.

기준 3. 게으름에 관한 무관용 원칙이 존재해야 한다 | 협동조합은 프로젝트의 계획을 이행하기 위해 노력을 기울여야 한다. 그렇지 않으면 자산으로 상환해야 할 책무가 발생할 수 있다. 대출 담당자의 판단으로 결정되는 사항이긴 하나, 조합원의 노력이 충분하지 않은 경우에는 당연한 일일 것이다.

일반적으로 노력의 부족(또는 단순한 실패)으로 인해 사업의 청산이 필요한 경우, 가능한 한 많은 자본을 다음 협동조합에 대출할 수 있도록 워킹 월드의 투자는 유동화가 용이한 자산을 매입하는 데 이루어진다.

몇몇 회의론자들은 위의 기준이 근로자들의 도덕적 해이를 조장한다고 비판할 수도 있다. 그들은 근로자들이 실패를 하더라도 투자금을 갚을 의무가 없다면, 성공을 위해 애쓰지 않을 것이라고 단언한다. 그러나 이 주장은 근로자 계층의 본질적인 취약성을 간과한다. 근로자들에게 실패는 짐을 싸고, 파산을 선언하고, 다음 아이디어를 시도하는 것을 뜻하지 않는다. 근로자의 아이들이 당장 그날 밤 굶을 수도 있다는 의미이다. 그렇기 때문에 이 기준은 근로자들이 최선을 다하도록 유도하는 강력한 인센티브, 아니 인센티브 그 이상으로 작용할 수 있다.

또한 근로자가 회사의 주인으로서 외부 투자자를 훨씬 뛰어넘는 주요한 수혜자 위치에 있다는 사실은 너무나 당연하게도 수익성 향상을 위한 노력으로 이어질 것이다. 워킹 월드는 자기 자본 투자와 부채 기반 금융의 중간 지점을 차지하고 있는 유연한 금융 파트너이다. 모든 조합원이 워킹 월드와 함께 상호 간 설정한 목표를 달성하고자 할 때 모든 참여자들이 진정한 승자가 될 수 있다.

비착취적 금융의 효율성을 증명하기 위해 브랜든 마틴은 현대 금융이 시작된 나라인 미국으로 돌아갔다. 그 결과 비착취적 방침과 기업의 소유권 제도 개편 등을 통해, 과거 전통적인 금융 시스템이 일군 기적적인 성과를 재현할 수 있었다. 시카고<sup>Chicago</sup>의 리퍼블릭 윈도즈 앤 도어스<sup>Republic Windows and Doors</sup>의 노동자들은 공장주가 바뀔 때마다 해고의 위험에 노출되는 상황에 지쳐 있었다. 공장의 수익성이 낮아지는 것이 문제가 아니라, 새로운 공장주가 다른 사업에 대해 보이는 관심이 문제였다. 그러던 중 공장이 매물로 나왔다. (매물로 나오기 직전 소유주는 실제로 감옥에 수감됐다.) 17명의 유색 인종 노동자들은 워킹 월드의 지원을 받아 뉴 에라<sup>New Era</sup>라는 이름의 협동조합으로 공장을 공동 인수했다. 노동자들은 이전보다 더 많은 시간을 업무에 쏟고 있었다. 수익의 주요 수혜자가 자신이라는 사실을 알고 있었기에 가능한 일이었다.

그 후 뉴 에라는 워킹 월드에 지급해야 할 대금을 모두 상환했다. 뉴 에라는 일리노이<sup>Illinois</sup>의 제조업체 중 유일하게 소수 인종이 소유한 기업이며, 여전히 그들만의 방식으로 운영되고 있다. 리퍼블릭 윈도즈 앤 도어스는 미국 내에서 이루어진 임팩트 투자의 모범 사례로 남았다.

이러한 과정에서 한 가지 사실이 완벽하게 증명되었다. 투자자들이 가져오는 이익보다 더 많은 가치를 더한 경우에도, 일반적인 대출 펀드와 필적할 만한 수익률을 시현할 만큼의 돈을 벌 수 있다. 임팩트 투자가 효율성부터 안정성, 수익성까지 입증할 수 있을 때 본질적인 경제 구조 변화의 길이 열릴 것이다.

우리가 세상을 바꿀 수 있다면

# 08

## 위험과 수익의
## 균형

투자자, 기업가, 지역 사회가 감수
해야 할 위험과 잠재적인 수익 측면에서 거래 구조를 설정해야
할 때, 자본 접근성에 제한이 있는 사회적 기업은 대개 투자자의
재량을 따르기 마련이다. 투자자는 자신의 이익을 보호하기 위해
모든 일을 한다. 때로는 불평등한 권력 관계를 이용하기도 한다.
예를 들어, 대형 은행들은 기업 대출에 100퍼센트 담보를 설정한

다. 그들은 제로 손실을 확정하면서 마이크로크레딧 엔터프라이즈MicroCredit Enterprise* 또는 쉐어드 인터레스트Shared Interest** 같은 금융 기업에게 '남은 것'을 가져가라고 할 수 있다. 담보 100퍼센트를 제공할 수 없는 자산이 부족한 대출 희망자에게는 높은 금리로 대출을 제공한다. 또 다른 투자자들은 투자 대상 기업을 파악하는 실사 과정에 투입한 시간을 보상해달라는 요구를 하기도 한다. 투자자들은 이 같은 정책을 통해, 기대 수익률을 훼손할 요인을 철저하게 검증하고 동시에 위험을 상당히 줄일 수 있다.

기업의 생존을 위한 최소한의 이익만 창출한 기업가에 대해 잠시 생각해 보자. 기업이 실패한다면 은행은 그들의 담보 100퍼센트를 전부 실행할 것이다. 이로 인해 수년간 땀을 흘린 지역 사회의 몫은 한순간에 사라지게 된다. 그들은 투입한 자원을 완전히 잃었을 뿐 아니라 새로운 생계 수단도 찾아야 한다. 이 같은 상황을 방지하기 위해서 트랜스폼 파이낸스의 세 번째 원칙 '투자자와 기업가, 그리고 지역 사회 간에 위험과 수익의 균형을 공정하게 유지해야 한다.'라는 내용이 매우 중요하다.

모든 관계자들에게 공정한 조건을 제공해야 하는 것이 당연

---

* 2006년 미국에서 설립되었으며, 개발 도상국의 가난한 여성들에게 소액 대출을 통한 자본을 제공한다.
** 1990년 영국에서 결성되었으며, 전 세계의 공정 무역 생산자, 소매업자, 수입업자, 수출업자에게 신용과 금융 서비스를 제공하는 공정 거래 협동조합이다.

하나, 지역 사회에게는 그렇지 못한 것이 현실이다. 지역 사회를 위한 가치 창출을 극대화하려는 본래의 의도를 실현하기 위해서라도, 위험과 수익을 보다 공정하게 배분해야 한다.

## 공정 무역과 직접 무역

자본주의 논리가 카카오 산업을 멸종의 길로 내몰고 있었다. 노동의 대가로 하루에 겨우 50센트 정도를 버는 전 세계의 농민들이 카카오 생산을 그만두고 있는 것이다.[1] 마스Mars와 같은 세계적인 초콜릿 제조업체들은 이러한 상황을 크게 우려했다.

농민들에게 더 많은 수입과 더 나은 생활 수준을 확보해주려는 노력의 일환인 공정 무역 인증 제도는 노동 환경 개선에 도움이 되었다. 하지만 본질적인 문제를 해결하지는 못했다. 여러 원인이 있겠지만, 공정 무역이 작동하는 과정에서 파생된 문제도 있었다. 오늘날의 공정 무역 인증 제도는 1988년에 도입되었다. 주로 커피, 카카오, 바나나와 같은 농산물의 가격 변동성을 제거하고, 농부들이 극빈 상태에서 벗어날 수 있도록 판매 하한 가격을 책정하는 제도였다. 이를 통해 생산자는 시장의 최고치와 최저치를 고려한 가격이 아닌, 기본적인 수준에서 최저 가격을 보장받게 되었다. 만약 원료 가격이 판매 가격보다 높을 경우, 약간의 가격 인상분을 지급받는다. 커피의 경우, 킬로그램당 3센트였다. 이는 개별 농가에 직접 지급되는 것이 아니라 협동조합에 '공정 무역 프리미엄' 형태로 지급되며, 이 돈은 마을의 관개 시설 건설과 같이 공동의 조치가 필요한 사업에 쓰인다.[2]

공정 무역 인증 제도는 농민들의 생활을 개선시키는 데 조금의 도움은 되었지만, 몇몇 문제점이 부각되었다. 실제로 공정 무역 인증 제도로 책정된 가격은 농부들이 빈곤에서 벗어날 수 있을 만큼 높지 않았고, 공급망 전체에 걸친 공정성을 확립하지 못했다. 지난 10년 동안 공급 부족에 대한 우려로 인해 카카오를 비롯한 다른 상품들의 가격이 상승했을 때, 농민들은 손에 쥐어지는 고작 몇 센트의 돈 때문에 비참함을 느끼기도 했다. 가공업체와 소매업체의 이익을 위해 공정 무역 제품이 농민들은 상상할 수조차 없는 높은 판매 가격으로 책정될 때에도 마찬가지였다.

안타깝게도 공정 무역 협동조합도 부정부패의 영향에서 자유롭지 못하다. 협동조합은 민주적 절차를 따르고 강력한 리더십을 발휘하며, 공정 무역 프리미엄을 활용해 지역 프로젝트를 수행하기도 한다. 하지만 일부 협동조합은 매우 부패하여 지역 사회에 제공해야 할 공정 무역 프리미엄을 소수의 특권층에게만 지급하기도 한다.

공정 무역 인증 제도하에서 품질 문제도 불거졌다. 공정 무역 인증 제도는 품질에 구애를 받지 않기 때문에, 품질과 관계없이 농민들에게 동일한 가격이 지급된다. 그래서 품질이 가장 나쁜 상품을 공정 무역에 떠넘기게 되는 결과가 발생한다. 좋은 품질의 제품은 공정 무역 제품이 아니어도 높은 가격으로 판매할 수 있기 때문이다. 카카오 협동조합은 특히 유기농 재배를 할 때 품질을 유지하기 위해 애썼지만, 생산 과정을 개선하고자 하는 문제에는 관심을 두지 않았다.

초콜릿 전문가 클로에 두트르 루셀Chloe Doutre Roussel은 그녀의 책 『초콜릿 감정가The Chocolate Connoisseur』에 이렇게 썼다. "내가 유기농 초콜릿을 먹을 때마다 머릿속의 작은 목소리가 이렇게 말한다. '이 초콜릿은 도저히 못 먹겠어. 차라리 카카오 협동조합에 기부금을 내는 게 낫겠어.'"[3] 공정 무역 인증 제도는 품질 저하로 이어졌고, 결국 직접 무역 운동이 일어났다. 좋은 품질의 제품을 원하는 구매자는 공정 무역 제품보다 훨씬 더 가격이 높더라도 기꺼이 돈을 지불할 것이다. 하지만 제도나 표준 기준이 부재한 상황에서 발생하는 협상과 거래는 일회성으로 그치고 만다. 단기적으로 농민에게 더 나은 결과를 가져다 줄 수 있을지 몰라도 근본적으로 해결책을 제시하지 못하는 것이다. 즉, 직접 무역은 공정 무역이 제공하고자 했던 장기적인 임팩트와 책임감 있는 구조를 만들 수 없다.

# 공정한 것보다 더 공정한 것

생활 임금*에 대한 일관된 척도, 양질의 생산을 보장하는 방식, 지역 사회의 요구를 충족시킬 수 있는 자원 제공 등 공정 무역과 직접 무역의 긍정적인 측면을 혼합한 방안이 있다면 더할 나위 없이 좋을 것이다.

에밀리 스톤Emily Stone은 벨리즈Belize에서 이러한 방안을 모색하고 있었다. 그녀는 초콜릿 산업에서 빈투바Bean to Bar** 운동의 선구자였던 현지 기업 타자Taza의 설립자가 부탁한 산업 실태 조사 임무를 수행하고자 벨리즈에 파견된 상태였다. 타자의 설립자는 벨리즈에서 생산되는 카카오의 품질이 이전에는 높은 평가를 받았지만, 지난 10년간 품질이 저하되었다는 보고를 받았다. 초콜릿 제조업은 무엇보다 원산지와 원재료의 품질이 중요한 산업이다. 농민들이 카카오 생산과 수백 년 된 농업 문화를 포기하고 다른 직업을 찾기 전에, 타자는 해결책을 강구해야 했다.[4]

벨리즈는 인구 약 36만 명이 살고 있는 작은 국가이지만, 중남미에서 가장 다양한 인구 구성을 보유하고 있다. 공용어는 영

---

* Living wage. 생활하는 데 필요한 기본적인 소득의 개념이다. 최저 임금Minimum wage과는 다른 개념으로, 대개 최저 임금보다 액수가 많다.
** 카카오빈을 선택하는 것부터 초콜릿을 생산하기까지 모든 공정에 생산자가 관여하도록 하는 운동

어이지만 퀘치*와 모판어**를 사용하는 원주민, 가리푸나어***를 사용하는 아프리카계 사람, 스페인어를 사용하는 메스티소**** 등으로 구성되어 있다. 이러한 인구 특성은 관광 산업의 번창을 가져왔고, 덕분에 1인당 연평균 소득은 약 8,600달러에 달했다. 중남미 국가 중 가장 높은 소득이었는데, 이에 반해 관광 산업에 종사하지 않는 일반 농민은 한 달에 겨우 200달러를 벌었다.[5]

벨리즈 남부에서 생산되는 카카오는 대부분 톨레도 카카오 재배자 협회Toledo Cacao Growers Association에서 관할하고 있었다. 하지만 이 협회는 농민들에게 신뢰를 주지 못하고 있었다. 고속도로를 이용해 푼타 고다Punta Gorda로 향하는 방문객이라면, 지나가는 길에 카카오 박물관을 보게 될 것이다. 관광 산업의 성장을 위해 톨레도 카카오 재배자 협회가 설계한 이 박물관은 무려 50만 달러의 공정 무역 프리미엄을 투자했음에도 불구하고, 공사가 절반만 완료된 상태였다. 단 1명의 방문객도 유치하지 못한 채, 금방이라도 무성한 초목에 둘러싸여 사라져버릴 것 같았다.

열악한 조건에서 농민들은 카카오의 생산과 판매를 이어갔다. 협동조합을 조직해야 했지만, 사실상 농민들은 개인적으로

---

•     Qeqchi, 마야인 집단 내에 과테말라Guatemala와 벨리즈에 거주하는 민족의 토착 언어
••    Mopan, 과테말라 페텐Peten과 벨리즈 마야 산맥에 사는 모판족이 사용하는 언어
•••   Garifuna, 중남미 국가의 카리브해 연안에 거주하는 가리푸나인의 토착 언어
•••• 스페인인과 북미 원주민의 피가 섞인 중남미인

과육을 제거하고, 카카오빈을 말리고, 발효시키는 등의 일을 처리했다. 특히 카카오빈의 발효 과정은 맛을 결정하는 가장 중요한 요소인데, 일부 농민들은 이 과정에 더 능숙했다. 이는 주된 품질 차이를 이끌어냈지만, 소규모 농장별로 품질이 고르지 못하다는 특성 때문에 최상의 가격을 받기가 어려웠다. 결국 최저가 수준의 가격이 책정되었고 농민들은 그저 공정 무역 인증 제도하에서 '프리미엄'을 받기 위한 벌이를 이어갈 뿐이었다.

이 시점까지만 해도 에밀리 스톤은 카카오 산업에 대해 아무런 정보도 가지고 있지 않았다. 하지만 환경 운동가를 위한 교육 프로그램 녹색 주식회사Green Corps의 전 회원이었기 때문에, 지역 사회와 연계하는 방법을 잘 알고 있었다. 그녀는 100개가 넘는 농가를 직접 방문했다. 그리고 카카오 생산은 물론 더 강력한 산업을 구축하는 데 필요한 것에 대해 묻고 또 물었다.

그녀는 여러 세대에 걸쳐 카카오를 재배해 온 집안의 가브리엘 팝Gabriel Pop을 만났다. 그는 공정 무역 인증 제도에 좌절해 있는 상태였다. 동시에 가족과 지역 사회를 위해 카카오 산업을 보다 지속 가능한 산업으로 만들 수 있는 방법을 모색하고 있었다. 가브리엘 팝은 타자 및 에밀리 스톤과 파트너십을 맺었고, 마야 마운틴 카카오Maya Mountain Cacao라는 새로운 기업을 설립하는 데 동의했다. 5년 후, 마야 마운틴 카카오는 벨리즈에서 가장 큰 카카오 수출 기업이 되었고, 이후 다수의 카카오 생산업체와 함께 언커먼 카카오<sup>Uncommon Cacao</sup>라는 브랜드로 공동 판매를 하게 되었다. 언커먼 카카오는 품질을 비롯해 투명성을 보장하고 농민의 빈곤 탈출을 돕는 세계적인 카카오 공급 기업이다.

임팩트 투자가 농업에 개입할 때, 대부분의 경우 농민들이 더 많은 가공 처리를 담당하도록 했다. 농업 공급망의 부가 가치에서 더 많은 역할을 수행하도록 함으로써, 이론상으로 더 많은 돈을 벌 수 있도록 하자는 취지였다. 하지만 마야 마운틴 카카오는 품질 향상에 고도로 집중하기로 결정했다. 좋은 품질은 높은 가격을 책정할 수 있는 가장 현명한 방법이라고 판단했기 때문이다. 건조와 발효 과정을 중앙 집중화한다면 품질이 크게 향상되고 독특한 제품이 생산될 수 있다고 생각했으며, 이는 성공적인 전략이었다.

뿐만 아니라 농민들은 더 많은 시간을 원하는 대로 사용할 수 있었고, 이전보다 소득도 3배 높아졌다. 마침내 2015년 벨리즈의 카카오 원두는 세계 문화 유산으로 선정되었다. 물론 시장에서도 최고가 수준으로 판매되었다. 특히 2014년 킥스타터<sup>Kick-starter</sup> 캠페인<sup>*</sup>에서 초콜릿 제조업자들은 (미래 어느 시점에, 어떤 가격이든) 희귀하고 귀중한 마야 마운틴 카카오의 카카오 원두를 구

---

* 2009년 설립된 미국의 대표적인 크라우드 펀딩 서비스로, 게임, 영화, 음악, 만화 등 주로 문화 계열 프로젝트에 대한 모금이 이루어진다.

입할 권리를 가지기 위해 8만 6,721달러를 지불했다.[6]

에밀리 스톤은 고품질 초콜릿에 대한 높은 수요를 인지했다. 이러한 추세는 20년 사이에 스페셜티 커피 소비량이 시장 판매 총액 기준 3퍼센트에서 51퍼센트로 상승한 통계에서도 드러났다. 그녀는 타자와 벨리즈 출신의 공동 창업자들과 함께, 제품의 품질을 향상시키고 전 세계의 농민들에게 더 많은 수익을 제공할 수 있는 또 다른 기회를 만들었다.[7]

에밀리 스톤을 비롯한 관계자들은 형편없는 거래를 하는 데 익숙했던 농민들이 사회적 기업이 제공하는 혜택에 감동할 것이라는 사실을 알고 있었다. 그러나 그녀는 도리어 농민들에게 더 많은 빚을 지고 있다고 느꼈다.


## 위험과 수익 사이

마야 마운틴 카카오는 2014년에 첫 번째 자본 조달을 시도했다. 자본 조달 절차는 파이 인베스트먼트가 추진했다. 에밀리 스톤은 파이 인베스트먼트의 전문성을 알고 있었고, 이를 마야 마운틴 카카오에 적용할 수 있도록 도움을 요청한 것이다.

당시 에밀리 스톤과 가브리엘 팝이 이끄는 마야 마운틴 카카오에는 안나Anna, 디온Deon, 마야Maya(마야는 추후 언커먼 카카오의 원부자재 공급 사업을 이끌게 된다.) 등 3명의 핵심 직원이 있었고, 200~300명의 농민들이 함께 일하고 있었다. 마야 마운틴 카카오는 과테말라로 진출하려는 계획을 가지고 있었으며, 세계 시장으로 진출할 때 지배 구조와 소유권 제도, 혜택 배분은 어떻게 해야 할지에 대해 고민을 거듭하고 있었다.

나는 그들의 초청을 받고 벨리즈를 찾았다. 그곳에서 경영 방침 및 소유권 제도에 대한 논의를 5일간 이끌었으며, 다음과 같은 질문을 집중적으로 탐구했다. 이상적인 소유권 분할은 어떤 모습이어야 하는가? 기업이 직면하게 될 주요 사안은 무엇이며, 결정의 권한은 누구에게 있는가? 그 결과, 소유권 지분 및 집단 지배 체제 구성을 위한 위원회의 구조와 이익 공유의 구조를 설명하는 8페이지 분량의 선언문을 작성할 수 있었다. 선언문의 내용을 그대로 현실에 적용하는 것은 꽤 복잡한 일이었다. 그러나 설립자, 투자자, 직원 및 농민 등 여러 이해관계자들에게 공정한 혜택을 제공할 수 있는 결과물이자, 기업이 성장할 수 있는 방향을 확고히 제시하는 결과물이기도 했다.

기업의 시리즈 A*를 준비할 시기가 찾아왔을 때, 파이 인베스트먼트는 선두 투자lead investment가 용이한 환경을 조성하고자

---

* 회사의 성장을 위한 다음 주요 투자 라운드. 초기 자금으로 연구 개발 및 시제품을 생산한 이후의 단계로, 정식 제품 및 서비스 개발부터 시장 공략을 위한 투자를 받는 단계이다.

했다. 즉, 투자 약관을 설정하는 것을 돕고 다른 투자자들이 합류할 수 있도록 독려한 것이다. 선두 투자자<sup>lead investor</sup>는 라운드를 설정하거나 취소할 수 있다. 만약 선두 투자자가 열악한 조건으로 협상하거나 임팩트 분야에서 부정적으로 인식되면, 자본 조달이 상당히 어려워질 가능성이 있었다. 그렇기 때문에 '재무적 실사, 임팩트 실사, 협상의 조건' 이 세 가지 내용을 심도 있게 논의했다. 특히 임팩트 실사는 물리적인 시간과 커뮤니케이션 과정이 필요한 부분이었다. 하지만 실행 체계를 공고히 할 수 있는 과정이었다.

투자 약관을 설정하기 전에, 먼저 경영진과 함께 이해관계자들 간에 위험과 수익을 어떻게 배분할 것인지에 대한 기준을 정의하는 내용이 담긴 1페이지 분량의 임팩트 성명서를 냈다. 성명서에는 사회적 공헌의 목적을 분명히 명시하고자 했다.

| 임팩트 성명서 |

전 세계적으로 분포되어 있는 500만 개의 카카오 농가 중 대다수는 고성장 고부가 시장에 상품을 공급하고 있음에도 불구하고, 극심한 빈곤에 시달리는 실정이다. 농민들에게 더 좋은 가격을 지급하지 않은 탓에 농민들은 카카오 농사를 포기하게 되었다. 농민들은 점점 늙어갔고 자녀들은 다른 작물을 재배하거나 다른 직업을 선택할 수밖에 없었다.

공정 무역 인증 제도와 같은 과거의 제도는 가격 변동성을 제거한 채, 프리미엄을 부여하는 형태이다. 농민들의 경우 공정 무역 인증 제도를 위해 협동조합의 조합원이 되어야 하는데, 인증 절차를 진행할 때 공정 무역 제품으로 얻을 수 있는 프리미엄 수입보다 더 많은 비용이 들기도 한다. 결과적으로 프리미엄 수입은 농민들에게 거의 주어지지 않는다. 공정 무역 인증 제도가 높은 품질을 보장하는 것도 아니기 때문에 초콜릿 제조업체에게도 이득이 되지 않는다.

언커먼 카카오는 임팩트를 창출하는 가장 합리적인 방법이 좋은 품질에 대한 공정한 급여 지급이라는 사실을 알고 있다. 즉, 초콜릿 제조업자들이 원하는 좋은 품질의 카카오를 안정적으로 공급함으로써, 농민에게 더 많은 급여를 지급할 수 있다. 언커먼 카카오에서는 명확한 품질 표준과 연계된 가격 인센티브 제도를 통해 농민들에게 적절한 가격을 보장한다.

궁극적인 목표는 카카오 농민들이 노동의 대가로 공정한 생계 소득을 얻는 것이다. 이를 위해 농민들이 최상의 가격을 안정적으로 받을 수 있도록 초콜릿 제조업체와 직접 협력한다.

농민들이 열심히 일한 대가를 받을 수 있도록, 언커먼 카카오의 사업 매출 이익률은 49퍼센트 이내로 설정한다. 49퍼센트를 초과하는 연간 매출 이익은 농민 기금에 기부한다. 이 기금은 언커먼 카카오와 함께 일하는 모든 농민 단체의 기술 지원 프로젝트에 투입되며, 농민들과 공급망 담당자들에 의해 운영된다. 또 연간 순이익의 10퍼센트도 농민 기금에 기부한다. 이는 농민들에게 보다 확실한 혜택을 주기 위함이다. 언커먼 카카오는 진실성과 상호 존중에 기반한 공급망을 제공한다. 투명성을 향한 노력은 새로운 산업 표준을 정립할 것이다. 농민들이 낮은 급여를 받는다는 사실을 알리고, 초콜릿 제조업체와 소비자가 현실을 인지한 상태에서 구매 결정이 이루어지도록 정보를 제공하는 방식은 전 세계 모든 카카오 농민들을 위한 산업 구조의 변화를 이루어낼 것이라고 믿는다.

또 투자 약관을 설정할 때 위험과 수익의 배분을 상세히 다루었다. 특히 기업의 가치 평가, 핵심 사안에 대한 결정 권리 등을 명확하게 설정하고자 했다.

미국 내 벤처 캐피털 연합National Venture Capital Alliance이 발행한 표준 문서가 이미 존재한다. 표준 문서를 발행하는 이유는 표준 문서가 투자자 보호에 긍정적인 역할을 하며, 각 투자 거래마다 문서를 다시 작성하지 않는 것이 합리적이기 때문일 것이다. 하지만 성사된 거래가 투자자뿐만 아니라 농민과 직원을 보호하는 데 공정한 것인지도 확인하고 싶었기 때문에, 우리는 이례적인 과정을 거쳤다.

설립자, 투자자, 직원, 농민 등 모든 이해관계자들의 입장에서 위험과 수익의 배분을 생각해 보는 과정을 거치기로 결심했고, 다음과 같은 질문을 거듭했다. 각각의 이해관계자가 기여해야 하는 바는 무엇인가? 위험에 대해 공정한 보상을 받고 있는가? 표준이라고 일컬어지는 조항이 모든 이해관계자들에게 공정한가? 아니면 일부 조항을 재정의할 필요가 있는가? 이러한 질문들을 통해 투자자들이 표준 조건을 수용함으로써, 종종 위험과 수익에 대해 암묵적인 가정을 한다는 사실을 발견했다. 예를 들어, 일반적으로 종업원 지분 기금은 설립자가 모든 부담을 떠맡는다고 가정한다. 하지만 종업원의 지분 소유를 중요시하는 투자자로서, 우리도 종업원 지분 기금에 기여해야 한다고 생각했다.

새로운 '표준'을 염두에 두고, 상대적 위험과 보상의 조건을 담은 자료를 만들었다. 이는 추후 소유권의 최종적인 배분을 명시하는 자료이기도 했다.

| 위험과 보상 분석: 언커먼 카카오 |

설립자들은 경영 참여를 수월하게 만들고 비전을 유지하기 위해 기업의 최대 지분을 보유한다. 설립자들이 이해관계자들의 이익을 잘 대변할 수 있다고 생각될 뿐만 아니라 엄청난 가치를 회사에 더할 것으로 기대되기 때문에, 회사의 지분을 미리 지급받은 것이다. 다만 CEO를 제외한 직원들은 보상을 받지 못한다. 그 대신 위험 부담을 낮추고 추가적으로 오랜 시간에 걸쳐 상당한 자본을 제공하기 때문에 기업 상장이

나 청산 등의 유동성 이벤트*가 있을 때 투자자 다음 순위에 위치한다.

투자자들은 주로 자본을 출자한다. 따라서, 그들의 소유권은 가치 평가 방식에 따라 산출된 가격에 맞춰 투자금에 기반한다. 설립자, 직원, 농민들이 '자리 값을 하려면' 자신이 맡은 일을 훌륭하게 처리해야 할 의무가 있는 반면, 투자자들은 투자금 100퍼센트를 냈기 때문에 이미 책임을 이행한 셈이다. 투자자들은 자신의 자본을 보호할 의사 결정권을 가지고 있지만 더 많은 권리를 가진 설립자, 직원, 농민의 일상적인 의사 결정을 방해할 정도로 과도한 권리를 가진 것은 아니다.

직원들은 위험과 보상, 그 연속선상의 중간에 위치해 있다. 그들은 설립자나 투자자가 혜택의 대부분을 선불로 받는 것과 달리, 연 단위로 생활 임금 또는 그 이상의 금액을 받고 있다. 직원들이 창출된 가치에 기여한 바가 있고, 장기적으로 더 나은 의사 결정을 하도록 동기 부여가 될 수 있기 때문에, 그들은 종업원 지분 기금에 대한 지분 투자에 참여할 권리를 부여받는다.

농민들은 본질적으로 모든 기업 활동의 주요 수혜자이다. 언커먼 카카오가 설정한 49퍼센트의 매출 이익 상한선을 고려하면, 농민들은 수익의 과반을 수령하게 된다. 또 기업이 성장할수록 농민 기금을 통한 연간 10퍼센트의 수익 배분금도 많아질 것이다. 또한 농민들은 연 단위로

---

* Liquidity event. 인수, 합병, 기업 공개 또는 회사의 창립자와 초기 투자자가 소유 지분의 일부 또는 전부를 현금화할 수 있도록 하는 이벤트로, 기업의 전형적인 출구 전략exit strategy이다.

지급되는 현금에 더 신경을 쓰고, 직원들보다 먼저 일을 그만둘 가능성이 크기 때문에, 이익 배분을 연 단위로 하는 것이 합리적이다. 농민들도 기업 설립의 주역이기 때문에, 유동성 이벤트가 있을 경우 참여할 권리를 부여받는다.

언커먼 카카오의 주요 가치는 투명성을 보장하고 고품질을 유지하는 것이다. 이는 임팩트에 초점을 맞춘 결과가 아니라 설립자들 스스로 지역 사회를 지원하겠다는 결단에서 부수적으로 도출된 가치이다. 이와 같은 포용적인 프로세스와 공정성은 기업 이미지 홍보에 활용할 수 있는 미덕이 아닌, 회사의 기저에 자리 잡고 있어야 할 원칙이다. 투자자와 기업가, 지역 사회 간의 위험과 수익의 균형을 맞추기 위한 노력은 집단 간의 존중과 신뢰를 강화하는 데 기여했고, 이는 그들이 추구했던 투명성과 고품질에 더불어 모든 이들의 헌신을 이끌어냈다.

# 09

# 중요한 것보다
# 더 중요한 것

트랜스폼 파이낸스 원칙을 지키는 것만큼 임팩트를 정의하고 강화할 수 있는 프레임워크를 마련하는 것이 중요하다. 그렇다면 다음과 같은 질문을 해야 할 것이다. '우리의 의도와 기저가 아무리 좋다고 해도, 임팩트가 실제로 있는지 어떻게 확인할 수 있을까?'

임팩트 투자 산업 초기에는 임팩트를 측정하는 것이 최대의 관심사였다. 임팩트를 측정할 수 있는 표준화된 임팩트 지표[IRIS: Impact Reporting Investment Standards]는 록펠러 재단의 지원을 받아 만들어졌다.[1] 이 지표는 핵심 용어를 정의하는 데 도움이 된다. 즉, 펀드 운용에 필요한 비교 지수와 목표를 설정할 때 활용할 수 있는 분류 체계이다. 이후 글로벌 임팩트 투자 평가 시스템[GIRS: Global Impact Investment Rating System]이 등장했다. 기업이 자체적으로 임팩트를 평가할 수 있도록 구체적인 설문으로 구성되어 있는데, 이를 통해 기업 간 또는 포트폴리오 간 비교가 수월해졌다.[2] 펀드와 기업의 임팩트에 대해 일대일 비교가 가능해진 것은 물론 직접적이고 명확한 비교를 할 수 있게 되었다는 점에서 표준화된 임팩트 지표[IRIS]와 글로벌 임팩트 투자 평가 시스템[GIRS]은 의미 있다.

두 지표가 임팩트를 측정하는 데 탁월한 기여를 했지만, 임팩트를 경영하고 임팩트가 향상되는 데 도움을 주지는 못했다. 궁극적인 목표를 달성하기 위해서는 측정 방법뿐만 아니라 관리 방법이 존재해야 한다. 예를 들어, 재무 경영은 다음과 같은 모습일 것이다. 기업의 담당자는 보통 경영진과 투자자를 위해 분기 재무제표와 현금 흐름표를 작성한다. 그다음 경영진은 기존 전망과 비교하여 실적을 중심으로 분석을 수행한다. 이 과정에서 어떤 실행 체계가 효율성을 높였는지, 성과 향상을 위해 개선해야 할 사항은 무엇인지 등을 판단한다. 이 결과는 다음 분기의 경영 활동에 영향을 미치고, 다음 분기의 성과 평가 시에 다시 고려될 것이다. 성과에 따라 경영진은 보상을 받을 수도 있고 혹은 기업을 떠날 수도 있다.

　이토록 중요한 재무 보고서에 달랑 "올해는 X만큼 벌었고 Y만큼 썼다. 내년 목표는 없고, 보상은 우리가 달성한 것과 달성하지 못한 것에 상관없이 주어질 것이다. 12개월 후에 다음 보고서를 제공할 예정이다."라고 쓸 수는 없을 것이다. 이 보고서도 일종의 측정이지만 분명 경영은 아니다. 그러나 무수한 1세대 임팩트 투자 펀드에서는 이 같은 유형의 보고서가 빈번하게 통용되었다. 즉, 얼마나 많은 사람들이 서비스를 받았는지, 여성이 차지하는 비율이 얼마인지, 얼마나 많은 돈이 투자되었는지 등과 같은 단순한 판단 기준으로만 채워지기 일쑤였다. 개입이 임팩트 대상의 삶을 전환시키는 데 얼마나 대단한 도움을 제공했는지에 대한 자세한 설명도 없고, 미래의 임팩트를 강화하기 위한 전략도 제안하지 않은 것이다.

　최근 들어, 적극적인 임팩트 경영에 더 많은 관심을 보이는 추세이다. 투자를 통해 'Z'라는 검증 가능한 임팩트를 만들어냈다고 가정해보자. 임팩트가 내일 'Z × 10'이 될지, 혹은 'Z + 1'이 될지 누가 확신할 수 있을까? 펀드 매니저와 기업가는 임팩트를 어떻게 평가할 수 있을까? 투자자를 비롯해 임팩트의 대상이 되는 지역 사회에 가장 중요한 평가 방식은 무엇일까?

## 일자리 창출에 대한 신선한 접근

적극적인 임팩트 경영은 트랜스폼 파이낸스의 대표적인 특징이다. HCAP 파트너스HCAP Partners의 직원들을 포함한 많은 펀드 매니저들이 측정 체계와 함께 적극적인 임팩트 경영 체계를 현실에 적용하는 데 지대한 관심을 보였다.

그동안 사용해 왔던 평가 방식이 측정하고자 하는 것을 정확하게 반영하고 있는지 면밀히 살펴볼 필요가 있었다. 예를 들어, 일자리 창출은 임팩트 투자 산업이 전 세계적인 빈곤을 해결하기 위해 추구해 온 주요 활동 중 하나이다. 따라서 '창출된 일자리의 수'는 종종 반빈곤 평가 지표로 인용되기도 한다. 물론 창출된 일자리의 수는 중요하다. 하지만 임팩트 경영과 실제 결과에 대한 세부적인 고려가 이루어지지 않은 단순한 측정은 임팩트의 잠재력을 제한할 수 있다.

월드 뱅크World Bank는 세계 인구 증가 속도에 뒤처지지 않으려면 2020년까지 6억 개의 일자리, 특히 그중 2억 개는 개발 도상국에서 필요할 것으로 추산했다.[3] 일자리 및 생계 창출에 있어, 임팩트 투자자들이 마이크로파이낸스 다음으로 선호하는 수단인 소규모 성장 사업은 국내 총생산 증가와 개발 도상국의 빈곤 감소와 긴밀하게 연결되어 있다.[4] 따라서 소규모 성장 사업의 성장은 두 가지 메커니즘을 통해 가난한 사람들을 돕는다. 꼭 필요한 소득을 제공하는 일자리를 창출하는 것, 그리고 일자리 창출이 국내 총생산의 증가를 강화하는 것이다.

국내 총생산 증가는 이론적으로 한 국가의 전반적인 경제 상황을 향상시키고 빈곤을 감소시킨다. 그러나 이 전제에는 해결해야 할 몇 가지 치명적인 결함이 있다. 우리는 한정된 자원을 가진 지구에 살고 있다. 애초에 국내 총생산은 무한으로 성장할 수 없도록 설계되었다. 임팩트 투자자들은 단기간에 국내 총생산이 증가하는 그래프를 보는 것을 선호하겠지만, 장기간 풀어나가야 할 문제를 단순한 해결책에 의존할 수는 없다.

임금 및 환경 기준은 국제적으로 얽혀 있는 사안으로, 때때로 한 국가의 성공이 다른 국가의 파멸을 의미할 수도 있다. 이는 개별 국가가 아닌 광범위한 지역에 영향을 미치는 임팩트 투자자들이 반드시 염두해야 할 사항이다. 예를 들어, 특정 기업이 사업 비용을 절감하기 위해 '가난한 X 국가'로 이전한다면, 이는 '가난한 Y 국가'의 일자리를 빼앗는 것이다. 또 전 세계적인 임금 수준이 낮아지는 결과로 이어질 것이다.

빈곤 감소에 초점을 맞추고 있는 사람들은 국내 총생산의 의미를 반드시 재정의해야 한다. 국내 총생산은 긍정적인 사회적·환경적 영향에 필요한 모든 변수를 반영하고 있지 않다. 국내 총생산 증가와 빈곤 감소 사이에 상관관계가 존재할 수는 있지만, 국내 총생산과 불평등 사이의 상관관계는 증명할 수 없다. 인도나 브라질 등이 기적적인 국내 총생산 성장을 이루었음에도 불구하고, 여전히 불평등 문제에 시달리며 세계 최대의 빈곤 인구를 보유하고 있다는 사실을 생각하면 이해가 쉬울 것이다. 한편 세계에서 국내 총생산이 가장 높은 국가인 미국의 경우, 2012년 상위 인구 1퍼센트가 소득 증가분의 93퍼센트를 가져갔다는 통계가 발표되기도 했다.

소규모 성장 사업의 개발은 아주 빈번하게 미국의 자유 시장 경제를 그대로 답습하는 경향을 보인다. 극단적인 불평등의 지속을 공고히 하는 시스템을 좇아야만 하는가? 국제통화기금IMF: International Monetary Fund의 경제학자가 『뉴욕타임스』에서 "요트 몇 척이 대양을 횡단하는 정기선이 되고 나머지는 낮게 떠다닐 카누로 남았을 때는, 무언가 심각하게 잘못된 것이다."라고 지적했듯이,[5] 평등의 가치를 고려하지 않은 채 일자리 창출만 신경 쓴다면 빈익빈 부익부 현상을 강화시킬 뿐이다.

빈곤은 단순히 일자리가 부족해서가 아니라, 저임금 일자리의 확산에 의해서도 발생한다. 국제노동기구ILO: International Labour Organization에서는 활동적 빈곤층을 '일을 하거나 일자리를 찾고 있는 사람들'로 정의한다. 개발 도상국의 경우, 비활동적 빈곤층과 활동적 빈곤층 모두 비슷한 빈곤율을 기록하며 고통을 겪고 있다. 특히 사회 보장이 부족한 상황에 놓여진 경우, 가난한 사람들은 종종 실질적인 소득 증가로 이어지지 않는 낮은 수준의 직업을 어쩔 수 없이 받아들이고 있는 실정이다.

개발 도상국 근로자의 34.9퍼센트가 빈곤층 혹은 극심한 빈곤층이다. 이 근로자 중의 약 4분의 1은 봉급생활자이고, 나머지는 자영업자이다. 이는 하루 3.10달러 미만으로 생활하는 봉급생활자의 숫자가 6억 4,000만 명이 넘는다는 뜻이기도 하다.[6] 부당한 형태로 고용된 사람들의 삶이 가난한 자영업자보다 낫다고 볼 수 있을까? 아니면 토지를 비롯한 생산 수단에 대한 접근이 제한되었고 자산도 보유하고 있지 않기 때문에, 이로 인해 초래되는 소득 불확실성을 그저 받아들여야만 하는 걸까? 여기서 분명히 짚고 넘어가야 할 부분이 있다. 바로, 근로자든 자영업자든 간에 하루 3.10달러 미만으로 생활하는 것은 상당히 어려운 일이라는 점과 두 집단 모두 수익이 높아질 가능성은 거의 없다고 해도 무방하다는 점이다.

경제학자 게리 필즈Gary Fields는 다음과 같이 말했다. "우리가 직면하고 있는 문제는 전 세계적인 실업난이 아니다. 문제는 사람들을 계속 가난한 상태에 머물게 만드는 고용 현실에 있다."[7] 바로 이 지점이 아스펜 사업가 개발 네트워크ANDE: Aspen Network of Development Entrepreneurs와 같은 기관이 질 좋은 일자리를 강조하고, 다른 기관들은 심지어 아예 일자리 창출에 집중해서는 안 된다고 주장하는 이유이다. 생계를 해결하는 데에는 여러 가지 방법이 있다. 고용은 그중 한 가지 방법일 뿐이다.

원주민 공동체의 리더 위노나 라두크[Winona LaDuke]와 과거 한 패널 토의에 함께 참석한 적이 있다. 그녀는 "많은 사람들이 일자리 개발을 이야기하고자 원주민 보존 구역을 찾아옵니다. 그러나 우리는 정규직에 준하는 일자리[FTE: Full time equivalent]를 원하지 않습니다. 또 보존 구역 사람들은 새로운 일을 하는 것을 원치 않습니다. 단지 전통적인 생계유지 방식이 보존되기를 바랄 뿐입니다." 라고 말했다. 그녀의 관점은 일자리에 대한 편협한 생각이 오히려 지역 사회의 번영과 자립 체계 구축을 방해한다는 사실을 깨닫게 해주었다.

오직 일자리 창출에만 초점을 맞추면, 일자리와 자산의 중대한 차이를 놓치게 된다. 개인 차원에서 부의 축적은 일자리 외에도 상속, 주택 소유, 교육 등 다양한 요인에 기초한다. 일자리는 단기적인 소득 증가를 제공할 수 있지만, 빈곤 감소를 위해서는 여러 세대에 걸친 오랜 시간이 필요하다. 또 불평등을 측정할 때, 자산은 일자리보다 우월한 지표이다. 자산은 경제적·정치적·사회적 신분의 변화에 영향을 미치기 때문이다. 예를 들어, 미국에서 흑인은 평균적으로 백인보다 25퍼센트 적은 돈을 번다는 통계가 있다. 이보다 더 위협적인 통계는 흑인 가구가 백인 가구보다 20배나 적은 자산을 보유한다는 것이다.[8] 고용 창출은 장기적인 소득 증가로 이어지지 않으며, 세대 간 빈곤 문제를 해결하는 데에 거의 도움이 되지 않는다.

일자리 창출에서 한 걸음 물러나 가난이 의미하는 바를 생각해보자. 나는 가난을 '신체적 욕구, 문화적 가치, 정치적·사회적 영향, 가족에 대한 의무 등을 실현하며 살아가는 데 있어 제한이 발생하는 것'이라고 정의한다. 이 같은 관점으로 바라본다면, 빈곤을 구성하는 요소는 국가 혹은 지역마다 다를 것이다. 이는 내가 임팩트 투자자들에게 빈곤 감소에 접근하는 방식을 다시 생각해보라고 권유하는 이유이기도 하다.

빈곤 감소를 위해서 소득뿐만 아니라 개인 및 지역 사회를 위한 자산을 조성하는 것에 초점을 맞추면 어떨까? 해결책을 봉급을 받는 일자리에 한정하기보다 해당 지역 사회의 문화와 관습에 어울리는 생계 수단으로 확장하면 어떨까? 성장만큼이나 평등에 집중한다면 어떨까? 이처럼 접근 방식을 확대한다면, 고용 창출의 개수뿐만 아니라 일자리의 질까지 측정할 수 있다. 빈곤 감소가 실제로 달성되었는지 확인할 수 있는 이러한 측정 기준은 임팩트 경영에도 활용될 수 있을 것이다.

빈곤 감소를 좇는 것은 기업을 어떻게 변화시킬 수 있을까? 이와 관련된 흥미로운 두 기업의 사례가 있다. 자유와 정의Liberty&Justice는 미국과 아프리카 일대에서 생계 수단 및 자산을 구축하는 것에 집중하는 지주 회사이다.[9] 공동 창업자 치드 리버티Chid Liberty는 90퍼센트에 달하는 라이베리아Liberia의 실업률 문제를 해결하고자 했다. 이를 위해 아프리카 최초로 100명 이상의 여성을 고용하는 의류 제조 시설인 공정 무역 공장을 세웠다. 이 여성들은 양질의 일자리를 얻을 뿐만 아니라 공장 지분의 49퍼센트를 소유하고 있다. 또 미래에 공장을 직접 경영하고 소유할 수 있도록 훈련도 받는다. 자유와 정의에 투자한 투자자들은 아프리카 내 여러 국가의 공장들과 협력 관계를 맺고 있으며, 세계 품질 기준을 준수하는 미국의 무역 회사와 협업한다. 치드 리버티의 비전은 여성들에게 좋은 일자리를 제공하는 것뿐만 아니라, 빈부 격차를 줄이는 데 기여하는 것이었다. 그는 자유와 정의를 유니폼Uniform이라는 의류 브랜드로 확장했다. 유니폼은 라이베리아 어린이들에게 무료로 교복을 제공하는 선행에도 앞장섰다. 무엇보다 에볼라 바이러스 대유행 시기에도 여성들의 일자리를 지켜냈다는 사실에 주목해야 한다.

노동자들의 평등권을 보장하기 위해 이와 비슷한 방식을 취했던 기업이 또 있다. 콜로라도Colorado에 본사를 둔 근로자 소유의 협동조합 형태로 운영되는 태양광 기업 나마스테 솔라Namaste Solar이다. 이곳은 160명이 조금 넘는 직원 모두에게 기업 주식을 살 수 있는 옵션을 부여한다. 최고 급여가 최저 급여의 6배를 넘을 수 없다는 명시적인 임금 등급표도 있다. 민주적인 규율과 비교적 공평한 임금 구조를 강조한 결과, 직원들이 기업에 책임감을 지니는 공동 소유 형태의 기업으로 성장할 수 있었다. 이는 이직률을 크게 떨어뜨리고, 수익성을 끌어올리는 데 기여했다.

그렇다면 봉급을 제공하는 데 불과한 일자리를 창출하는 것이 아니라, 빈곤을 감소시키고 양질의 일자리를 창출하는 것을 중시할 때 임팩트 펀드는 어떻게 달라질까? 임팩트 펀드는 복지를 지향해야 하고, 여러 기업의 관행을 동시에 다루어야 하기 때문에 훨씬 더 복잡하다. 그러나 파이 인베스트먼트가 HCAP 파트너스와 협력했을 때, 놀라운 결과를 불러일으켰다.

파이 인베스트먼트는 생활 임금, 복지 혜택, 지분 보유 기회 등 전통적인 일자리 창출과 연관된 일반적인 목표 그 이상을 지향했다. 그들은 미국에서 역사적으로 혜택을 받지 못한 지역 사회에서 양질의 일자리를 창출하고자 하는 HCAP 파트너스의 심층적인 노력을 지원하는 데 관심이 있었다. 나는 파이 인베스트먼트와 HCAP 파트너스가 체득한 교훈이 다음과 같이 작용하기를 바랐다. 능동적인 임팩트 경영을 독려하기 위해 유한책임 투자 파트너LP: Limited partners*와 무한책임 투자 파트너GP: General partners**가 함께 일할 수 있는 방안에 대한 통찰력을 제공하기를, 그리고 (우리의 측정 기준에 의거할 때) 최상위급의 임팩트 펀드가 모

---

* 회사의 채무에 대하여 출자액의 한도 내에서 책임을 지는 투자 파트너. 책임이 유한하다는 점에서는 주주와 같다.

** 회사의 채무에 대하여 개인의 재산까지 동원하여 책임을 지는 투자 파트너. 회사가 수익을 내면 각자 투자한 비율에 따라서 수익을 나누고, 손해를 보면 투자한 비율에 따라 손실을 나누어 부담하는 회사를 합명 회사라고 하는데, 합명 회사는 이러한 무한 책임 투자 파트너들로 구성된다.

범 사례를 지속적으로 생성할 수 있기를 바랐다.


## 임팩트 1.0: 퀄리티 측정

과거 헌팅턴 캐피털Huntington Capital이었던 HCAP 파트너스는 상대적으로 지원이 부족한 기업과 지역 사회에 긍정적인 임팩트를 미치는 동시에, 평균 이상의 시장 수익률을 창출하는 것을 목표로 2000년에 설립되었다. 그들이 처음 설립한 두 포트폴리오인 펀드 I과 II는 중저소득 지역에 사는 여성과 유색 인종 등 지원을 받지 못한 개인들을 위한 고용 창출을 달성하는 등 목표에 부합하는 성공적인 성과를 보여주었다.

HCAP 파트너스는 최우수 펀드 매니저들을 선정하는 임팩트에셋 50 ImpactAssets 50에 꾸준히 이름을 올리며, 임팩트 측정 분야에서 인정받았다. 그들이 2013년에 작성한 임팩트 보고서에는 다음과 같은 내용이 포함되어 있었다.

---

　　　*_____ HCAP 파트너스는 펀드 I 과 II에 8,700만 달러를 투자했다.

　　　*_____ 포트폴리오에 속한 기업의 75퍼센트가 중소기업청SBA:

---

Small Business Administration의 가이드 라인을 충족한다.

*_____ 포트폴리오에 속한 기업의 50퍼센트가 중저소득 지역에 위치해 있다.

*_____ 포트폴리오에 속한 기업은 신규 채용과 함께 제조업 등의 산업에서 사라질 뻔한 일자리를 유지하는 방식을 혼합하여 2,262명의 직원들을 지원한다.

*_____ 직원의 63퍼센트는 유색 인종이다.

*_____ 직원의 43퍼센트는 여성이다.[10]

## 임팩트 2.0: 퀄리티 경영

파이 인베스트먼트는 가난한 지역 사회에 경제적 기회를 제공할 수 있는 펀드가 드물다는 사실을 발견했다.

HCAP 파트너스는 인상적인 투자 실적을 가지고 있는데다, 중간 규모의 기업에 메자닌*을 제공하기도 했다. 게다가 수익률

---

* Mezzanine, 자본의 성격을 가진 부채. 대표적으로 전환 사채CB:Convertible Bond가 있다. 처음에 채권으로 발행되지만, 주가가 오를 시 보유자가 주식으로 전환할 수 있는 권리를 행사할 수 있으므로 주가 상승으로 인한 자본 이득 기회를 누리는 것이 가능하다.

외에 일자리 창출만 추구하는 일반적인 행보와 다른 모습을 보였다. 이러한 이유로 파이 인베스트먼트는 HCAP 파트너스에 더욱 관심을 가지게 되었다. 실업률이 높고 소외된 지역 사회에는 일자리가 필요할 수 있다. 그러나 진정한 혁신을 일으키거나 수요 창출이 가능한 구조를 만들지 않는 한, 일자리가 만들 수 있는 변화는 고작 사람들이 일자리에 따라 지역을 이동하는 것뿐이다. 저소득 지역 사회에서 일자리가 창출될 때조차도, 저임금 일자리에 불과하다면 지역 사회를 빈곤의 악순환에 가두는 것과 다름없다. 몇 개의 일자리가 창출되었는지 그 수를 세는 것보다 낮은 수준의 일자리를 높은 수준으로 전환시키는 데 집중해야 한다.

이 프로젝트는 기업의 성장을 돕는 경제적 가치 창출의 시각에서뿐만 아니라 근로자에게도 이익이 되는 방식으로 기업이 성장할 수 있도록 돕는 '임팩트 가치 창출'의 시각에서도, 포트폴리오에 속한 회사들과 긴밀한 협력을 이끌어낸다.

임팩트에 초점을 맞추는 어려움은 HCAP 파트너스만의 문제는 아니었다. 펀드 매니저들은 지역 재투자법Community Reinvestment Act 기준이나 IRIS 지표와 같은 수많은 요건을 충족하는 동시에, 투자자들에게 평균 이상의 시장 수익률을 안겨주기 위해 최선을 다했다. 그러나 임팩트 측정에 대한 기존의 접근 방식은 태생적으로 산출량에 초점을 맞추고 있었다.

## 임팩트 경영 시스템의 성과

HCAP 파트너스의 설립자들은 파이 인베스트먼트의 임팩트 경영 프레임워크 개념을 받아들였고, 우리와 공동으로 프레임워크를 설계하는 데 호의적이었다. 파이 인베스트먼트가 HCAP 파트너스를 도우려면 일자리의 질을 연구해야 했다. 먼저 저소득 노동자들의 요구를 파악하기로 했다.

임팩트 경영 시스템을 만들기 위해 공동 창업자이기도 한 최고의 파트너 트랜스폼 파이낸스를 찾았다. 더불어 저임금 근로자 문제를 최우선 순위로 파악하기 위해 인터뷰를 진행했고, 포드 재단Ford Foundation, 정의로운 일자리 Jobs with Justice, UC 버클리 대학의 노동 연구와 교육 센터 Center for Labor Research and Education, 일하는 가족을 위한 파트너십 Partnership for Working Families 등 선도적인 노동자 권리 단체 및 옹호자들의 도움을 받았다.[11]

의료나 생활 임금과 같은 내용은 예측 가능한 것이지만, 예상외의 내용에 놀라기도 했다. 예를 들어, 저임금 노동자들은 유급 병가를 급여 인상보다 중요하게 여겼다. 특히 아픈 가족을 부양하는 데 시간을 쓸 수 있는지를 중요하게 생각했다. 아픈 자녀를 돌보기 위해 부모가 일찍 퇴근하는 것이 불가능한 상황을 상상하기 어렵겠지만, 대부분의 저소득 노동자들에게는 흔한 일이었다. 또한 근로자 소유권 제도가 일반적으로 IT 기업에 한정되어 있다는 문제와 그 외의 기업에서도 생산성을 높이기 위한 원동력으로 작용할 수 있다는 사실을 알게 되었다. 이 과정을 통해 투자자는 수혜자의 요구를 경청하는 것을 통해 직접 현실을 파악해야 하며, 수혜자의 관점을 반드시 반영해야 한다는 것을 상기할 수 있었다.

건강 관리, 유급 병가, 생활 임금, 교육 및 승진 기회, 근로자 소유권 제도 또는 이익 공유제와 같은 우선순위를 정리하고 난 후엔, 이와 같은 정책을 기업이 시행했을 때 발생하는 경제적 영향을 검토했다. 실적이 저조한 기업은 일자리의 질과 상관없이 일자리를 창출하거나 사업을 유지할 수 없다. 그러므로 시장 수익률 이상의 성과를 내는 것도 중요했다. 다행히 근로자들을 잘 대우하는 것이 기업의 실적은 물론 펀드 성과도 향상시키는 결과를 가져온다는 사실이 입증되었다.

이를 증명할 수 있는 네 가지 근거가 있다. 첫째, 유급 병가 조건은 근로자의 사기와 생산성을 높이는 데 일조한다. 미국 내 최초의 주 단위 정책이었던 코네티컷Connecticut의 유급 병가 법령에 대한 연구에 따르면, 2012년 법 시행 이후 기업 중 3분의 1이 근로자의 사기 진작을 확인했고, 15퍼센트는 생산성 향상과 질병 확산의 감소 효과를 얻었다. 게다가 오직 10개 중 1개 기업만이 인건비가 3퍼센트 이상 증가했다고 보고했다. 생산성 향상과 사기 상승에 의한 효과를 감안했을 때, 이 정도의 비용은 수용 가능

한 수준일 것이다.[12]

둘째, 유급 병가는 '출근만 하는 행위'를 예방한다. 출근만 하는 행위란, 결근하는 행위에 반대되는 개념으로 아픈 근로자들이 출근해도 생산성이 현저히 떨어지는 경우를 말한다. 한 연구에 따르면, 아픈데도 불구하고 출근하는 경우 발생하는 직·간접적인 사업 비용이 단순한 결근을 하는 경우보다 약 1,600억 달러 더 많다.[13]

셋째, 생활 임금을 지불하면 이직률이 낮아진다. 이직과 그 공백을 채우는 과정에서 발생하는 제반 비용이 직원 연봉의 1.5배에서 2.5배까지 요구된다는 사실은 잘 정립된 이론에 가깝다.[14] 또 직원의 절도 행위가 줄어드는 효과도 있다. 높은 임금을 받는 직원들은 절도를 할 필요가 없다. 물론 절도를 하기 위해 다른 직원들과 공모할 가능성도 더 적다.[15]

넷째, 근로자 소유권 제도는 이직률을 낮추고 생산성을 높이며, 복지에 전사적인 노력을 늘린다. 스톡옵션을 보유했던 사람이라면 누구나 직관적으로 알고 있을 것이다. 럿거스 대학Rutgers University의 연구에 따르면, 근로자 소유권 제도를 이행하면 생산성이 영구적으로 4퍼센트 증가하고 주주 가치는 2퍼센트 상승한다.[16]

돌이켜보면, 우리는 한 지점을 놓치고 있었다. 공정한 채용 절차를 위한 일환으로, 구직자의 과거 범죄 이력을 적는 항목을 채용 서류에서 없애는 밴 더 박스<sup>Ban the Box</sup>* 정책도 참조했어야 했다. 예를 들어, 고용주들은 지원 서류에서 이에 대해 질문하기보다 가계약서가 제공되기 전까지 신원 조사를 하지 않을 수 있다. 현재는 밴 더 박스 정책을 적용하는 것이 당연해졌다.

우리는 사회적 임팩트와 재무적 이익을 모두 향상시킬 수 있는 접근법을 제공할 수 있다고 확신했다. HCAP 파트너스와 함께 '바닥과 사다리<sup>floor and ladder</sup>' 프레임워크를 활용해 경영 방식에 임팩트를 미치는 '득이 되는 일자리 접근법<sup>Gainful Jobs Approach</sup>'을 만들었다. 이는 펀드가 투자한 모든 기업이 다섯 가지의 기본 요건을 충족하길 요구한다. 생활 임금, 의료 복지, 유급 휴가, 승진 기회, 근로자 소유권 제도가 그것이다. 당장 모든 요건을 충족하지는 않더라도, 투자 후 1년 이내에 최소 '바닥'을 달성하기 위한 실행 계획을 요구할 수도 있다. 또 필요한 경우, HCAP 파트너스 경영진과 컨설턴트의 지원을 받아 '사다리'를 오르기 위한 연간 목표를 설정할 수도 있다.

어떤 펀드이든 적어도 매 분기마다 경영진과 함께 재무적 성과를 평가하고, 핵심 목표를 달성할 수 있도록 지원해야 할 것이다. 프레임워크는 회사가 임팩트를 개선할 수 있도록 안내하고,

---

* 채용 서류에서 범죄 이력을 요구하지 말라는 캠페인으로, 고용 시장 및 주택 시장에서 만연한 전과자 차별을 철폐하고자 2004년 미국에서 시작되었다.

기초 포트폴리오에 부합하여 펀드를 운용하도록 만든다. 이는 또한 펀드에서 유한책임 파트너에게 해당 펀드가 재무적 가치와 함께 '임팩트 가치'를 실제로 적극적으로 창출하고 있음을 확인시킨다.

## 현실에 임팩트 적용하기

HCAP 파트너스는 이 프레임워크가 그들이 추구하는 가치를 구체적으로 실행에 옮길 수 있도록 도와줄 것이라고 생각했다. 임팩트를 강조하는 행위는 동일한 가치를 지향하는 투자자를 원하는 창업자들을 끌어들이는 요소로 작용할 수 있다. 헤론 재단Heron Foundation, 블루 헤븐 이니셔티브Blue Haven Initiative, 노스웨스트 지역 재단Northwest Area Foundation 등의 투자자들이 이미 HCAP 파트너스의 업무를 지원하고 있었다.

하지만 펀드 매니저들이 새로운 임팩트 투자 파트너를 끌어들이기 위해 구미에 맞는 이야기를 단순히 말하고 있을 가능성을 배제할 수 없었다. 혹은 펀드 매니저들이 고결한 가치를 품고 있더라도, 포트폴리오에 편입되어 있는 기업들이 펀드 매니저들의 요구를 계속 무시할 가능성도 있었다. 이 문제는 경영진의 역량과 전문성에 대한 우리의 신뢰가 관건이었다.

HCAP 파트너스가 재무적 수익과 사회적 임팩트를 모두 훌륭하게 실현하고 있다고 확신하게 된 계기는 두 가지였다. 첫째, 펀드로부터 자금을 지원받는 기업들이 프레임워크를 어떻게 현실에 적용할지에 대해 경영진이 합당한 의구심을 제기하고 있었다. 둘째, 프레임워크를 효과적으로 적용할 수 있는 몇 가지 혁신적인 아이디어를 제시했다. 이로써 HCAP 파트너스의 경영진이 현실에 임팩트를 적용하는 것에 지대한 관심을 가지고 있다는 사실이 입증되었다.

HCAP 파트너스는 주로 채권을 매입하므로 기업에 대해 제한적인 소유권을 지니게 된다. 따라서 펀드는 자연스럽게 포트폴리오에 편입된 기업에 대해서 제한적인 지배력 또는 영향력을 가진 소수 지분 투자자가 된다. HCAP 파트너스는 기업이 실제로 실행할 계획이 없는 '일자리 질에 관련된 충당금 조항'을 설정하면서 그들의 돈을 가져가는 것을 원하지 않았다. 임팩트 실행에 대한 조항이 대출 약관에 종종 포함되기는 한다. 그러나 피투자사가 임팩트를 낼 능력이 없다는 판단에 근거하여 채무 불이행 충당금 조항을 실제로 시행하기를 원하는 게 아니라면(물론 이는 가능성이 낮은 시나리오이다.), 충당금을 집행하는 것은 극히 어렵다.

또한 HCAP 파트너스는 사회적 기업으로 분류되지 않는 여러 산업 중 중간 규모 시장에서 활약하는 기업들과 협력하기도 한다. 따라서 이러한 기업들에게 임팩트 투자 대상의 특징이 내

재되어 있다고 보기 어렵다. 펀드의 장점은 임팩트 스펙트럼에 따라 펀드에 속한 기업들의 행동 변화를 촉진함으로써 결국 기업에 더 큰 영향을 미칠 수 있다는 점이다. 여기서 임팩트 스펙트럼이란, 일자리 질에 대한 새로운 아이디어를 의미한다. HCAP 파트너스가 제안한 솔루션은 채무자 의무 조항*이 아닌, 임팩트를 현실에 적용하도록 유도하는 인센티브를 제공하는 것이었다. 그들의 부채에 다양한 키커 기능**이 부가되어 가치 상승의 기회가 제공되도록 구조화된 점(만약 피투자사가 성공하면 HCAP 파트너스가 더 많은 돈을 벌 수 있다.)을 감안할 때, 기업이 임팩트를 현실에 적용하도록 유도하는 합리적인 방법은 추가적인 재무적 인센티브를 제공하는 것이었다. 인센티브의 형태를 정하기 위해서는 구체적인 논의가 필요했다. 하지만 단순히 산출량 증가를 넘어 강력한 성과를 가져올 수 있는 임팩트 경영에 대한 혁신적인 사고방식이었다.

HCAP 파트너스는 기업에게 신뢰를 주는 조언자가 될 수 있도록 일자리의 질과 관련된 실행 체계를 현실에 적용하는 데

---

* Covenant related requirements. 채권자가 채무자에게 돈을 빌려줄 때 혹은 채권에 투자할 때 채무자가 준수해야 할 조항으로, 위배 시에 벌칙 성격이 발동된다. 예를 들어, 채무자 기업의 부채 비율이 사전에 정한 일정 수준을 넘게 되면 상환 만기를 단축하는 식이다.

** Kicker function. 특정 조건이 발동되면 채권자에게 유리해지는 옵션이 실행되는 기능

필요한 전문 지식을 개발하고자 했다. 그들은 임팩트를 담당하는 정규 직원을 고용했고, 해당 담당자는 임팩트 경영 전략 업무를 주도하며 포트폴리오에 편입된 기업들을 지속적으로 지원하고 있다. HCAP 파트너스는 임팩트 경영 관행을 개선하는 데 전념하고 있다는 사실을 계속해서 증명했다. 예상했던 것보다 훨씬 더 광범위한 방식이었다.

파이 인베스트먼트는 임팩트 경영 관행을 선도할 잠재력이 있다고 믿는 이 펀드의 당당한 후원자이다. 무엇보다 이 펀드는 미국 내 수천 명의 근로자 특히, 여성과 유색 인종을 빈곤의 지대에서 안정의 지대로 이동할 수 있게끔 한다. 예를 들어, 일자리 질 향상에 대한 계획이 시행된 이후, HCAP 파트너스가 투자한 투자 대상 중 하나는 로스앤젤레스의 LED 조명 제조업체 노리바치Noribachi였다. 노리바치의 설립자들은 양질의 인력을 양성하기 위해 노력했다. 그들의 신념은 사람들에게 단순한 직업이 아닌 경력을 제공해야 한다는 것이었다. 제조업에선 이례적으로 일자리의 질과 관련된 몇 가지 관행을 다음과 같이 현실에 적용했다.

---

\* ———— 모든 직원은 복리 후생 혜택을 받는 정규직 직원들이다. 이곳에 계약직 직원들은 없다.

\* ———— 모든 직원들은 스톡옵션을 보유하며, 스톡옵션의 가치에

---

대한 금융 교육을 받는다. 당연히 관리자에게만 해당되는 사항이 아니다.

*_____ 직원들은 그들의 핵심 역량과 적성을 평가하기 위해, 그 어떤 급여상의 불이익 없이 공장의 현장 업무와 사무실의 관리 업무를 경험할 수 있다.

*_____ 회사 재정 상황은 오픈 북*이며, 모든 경영자들은 오픈 도어 정책**을 주지한다.

*_____ 매주 오전 6시에 진행되는 CEO가 주도하는 수학 수업을 포함해, 여러 교육 프로그램은 항상 진행되며 모두가 참석할 수 있다.

노리바치의 설립자들은 HCAP 파트너스와 함께 일하는 것에 대해 상당히 만족했다. 일자리 질에 대한 비전을 공유할 수 있었기 때문이다. 이는 HCAP 파트너스와의 협업이 그 자체로 경쟁 우위 요소가 될 수 있다는 의미이기도 했다. HCAP 파트너스가 보여준 임팩트에 대한 심도 깊은 생각과 기꺼이 유한책임 투자 파트너 및 비영리 조직과 함께하려는 의지 등은 임팩트 펀드 업계의 선구적 모델이라고 할 수 있다.

---

* Open book, 원한다면 누구나 열람할 수 있는 상태
** Open door policy, 소통 방식으로, 직원과의 관계에서 개방성과 투명성을 확대하기 위해 회사의 상사가 방문을 열어두는 정책

하나의 펀드가 전체 산업의 발전을 위해 지원할 수 있는 일은 여전히 너무나 많다. 펀드 매니저와 실무자를 위해서, 잠재적인 투자 대상군의 임팩트 관점에서 가능성을 평가해야 하는 건 파이 인베스트먼트의 몫이라고 생각한다. 표면적인 산출량이 아닌 이면까지 살핀 본질적인 성과를 제대로 측정하는 것이 구체적 과제가 될 것이다. 이 과제를 해결하는 데 임팩트 경영 시스템이 도움이 될 것이라고 기대한다. 투자자와 마찬가지로 피투자자도 단순히 지나가버린 임팩트만 측정하는 것이 아니라 긍정적인 변화를 이끌고자 하는 마음으로 임팩트 투자 산업에 참여해야 할 것이다. 마지막으로 다음과 같은 질문을 남긴다. 당신의 임팩트를 과거 회귀적으로 볼 것인가, 미래 지향적으로 볼 것인가?

우리가 세상을 바꿀 수 있다면

# 10

# 목표에서 실천으로
# 그리고 확장까지

---

이제 실제로 임팩트 투자를 대규모로 구현할 수 있는지 혹은 2~3개의 큰 프로젝트에만 집착하고 있는지 질문할 차례이다. 임팩트 투자를 더 현명하고 영향력 있는 산업으로 확장시키고자 할 때, 더 변혁적인 투자를 시도하기 위해 지금 당장 무엇을 실천할 수 있을까?

모든 투자자가 알다시피, 상이한 자산군에 걸쳐 투자하면서도 모든 자산군을 아우르는 하나의 투자 테마를 따르는 포트폴리오를 구축하는 것은 꽤 어려운 일이다. 물론 시장 수익률을 상회하면서 실제로 임팩트를 만들 수 있다는 연구 결과가 담긴 보고서는 많다.[1] 그렇다면 포트폴리오에서 임팩트 투자의 비율이 100퍼센트를 차지할 수 있을까? 이는 사회 정의에 높은 관심을 보이는 프리츠커 가문을 지원하기 시작한 2012년부터 생각하게 된 고민이다.

프리츠커 부부는 커피숍에 갈 때마다 머그잔을 챙겼고, 아이들을 뒤에 태운 채 자전거를 타고 이동하는 것을 즐겼으며, 다양한 사회 문제에 적극적으로 관여했다. 이처럼 자신들의 신념을 실생활에서 적극적으로 실천했다. 다른 사람들이 불쾌하지 않도록 조용한 방식으로 말이다. 그러나 그들의 투자 포트폴리오는 이러한 생활과 일치되지 않았다. 프리츠커 부부는 재무적 관점으로 보았을 때, 연분홍 밍크코트를 걸친 채식주의자와 다름없었다. 하지만 그들의 잘못이 아니었다. 금융 기관을 방문한 대부분의 사람들이 그러하듯, 다른 사람들과 동일한 금융 상품에 투자했을 뿐이다.

프리츠커 부부는 현금을 대형 시중 은행에 보관하고 있었다. 해당 은행은 수천 명의 주택 소유자를 길거리로 내쫓은 모기지 사태에 앞장서고, 남아프리카 공화국의 불법 채굴 및 토지 수탈에 자금을 댄 것으로 악명 높았다. 그들은 상당한 주식도 보유하고 있었는데, 이중에는 수압 파쇄법을 사용하는 채굴업체, 사설 교도소, 담배 회사, 그리고 개탄스러운 업무에 연루된 은행의 주식도 포함된 상태였다. 사람들이 가진 재산의 규모는 저마다 다르겠지만, 이와 상관없이 각자의 투자 포트폴리오는 아마도 상당히 비슷한 모습일 것이다.

그들은 포트폴리오 조정에 대해 알아보던 중 이를 담당하고 있던 재정 상담가에게 연락했고, 그때 금융 상품의 문제점에 대해 깨달았다고 했다. 투자 방식을 근본적으로 바꾸려면 포괄적인 전략이 요구되며, 전형적인 재정 상담가가 아닌 다른 사람의 도움이 필요하다고 판단했다. 먼저 자신들과 아는 사이이고 신뢰할 수 있는 사람에게 연락하기로 했다. 많은 사람들이 새로운 시도를 할 때 으레 하는 것처럼 말이다. 아너 벤 아미는 그들의 오랜 친구였으며, 사회적 책임에 대해 심도 있게 고민하는 사람이었다. 그는 경영대학원을 졸업한 후 보스턴 컨설팅 그룹<sup>BCG:Boston Consulting Group</sup>에서 컨설턴트로 일하다가, 2012년 9월 프리츠커 가문의 재정 상담가들이 투자 계획을 새롭게 수립하는 것을 돕기로 결정했다.

사회적 투자 분야에 대해 배우려는 노력의 일환으로 아너 벤 아미는 토닉에 합류했다. 당시 나는 토닉의 CEO였다. 그와 프리츠커 부부는 임팩트 투자에 입문하기 위해, 내가 기고한 글을 찾아 읽기 시작했다고 했다. 대부분 트랜스폼 파이낸스 원칙을 드러내고, 시스템 차원의 변화를 옹호하는 내용이었다. 이를 통해 서로의 가치관이 합치되었다고 확신했다. 2013년 1월, 나는 신념을 더 구체적으로 추구하기 위해 토닉을 그만두고 파이 인베스트먼트에 찾아갔다. 마침내 나와 아내 벤 아미, 프리츠커 가문이 함께 일을 하게 되었다.

그때부터 우리는 구체적인 전략을 수립하는 데 힘썼다. 프리츠커 가문 및 그들의 재정 상담가들과 함께 임팩트를 정의하고 수익 목표를 설정했으며, 포트폴리오를 구축해나갔다. 2016년에 이르자, 임팩트 성격이 전무했던 포트폴리오는 45개 이상의 민간 투자를 지원하는 등 100퍼센트에 가까운 임팩트 성격을 가진 포트폴리오로 전환되었다. 이 과정을 통해 많은 교훈을 얻을 수 있었다.

그중 하나가 임팩트 투자자는 가장 먼저 중점을 둘 분야를 정해야 한다는 사실이다. 즉, 어떤 종류의 임팩트를 원하는지 결정해야 한다. 매우 간단하고 직관적인 문제라고 생각할 수도 있다. 그러나 사회 정의를 실천하고자 하는 사람들에게 단 하나의 분야를 선택하는 것은 어려운 일일 것이다. 환경, 여성 권리, 교육 또는 특정 지역 등 이 세상에 가치 있는 분야는 너무나도 많기 때문이다.

게다가 각각의 분야가 상호 연결되어 있을 때는 더욱 복잡해진다. 예를 들어, 가난한 지역 사회에 좋은 학교를 설립했다고 가정해보자. 아이들이 적절한 아침 식사나 의료 서비스를 받지 못한다면, 교육 여건이 아무리 훌륭하더라도 제대로 혜택을 누릴 수 없게 된다는 문제가 발생한다. 혹은 인종 차별을 비롯해 성차별 등이 지역 사회 혹은 학교 내에 뿌리 깊이 박혀 있다면, 아이들은 외모나 성별에 따라 적절한 교육을 받지 못할 수 있다. 심지어 암묵적 편견 때문에 동일한 학교 내의 다른 아이들보다 지원을 덜 받을 수도 있다. 또 온실 가스 배출량이 지금처럼 계속 증가한다면, 그 학교는 10년 안에 물에 잠길지도 모른다.

이러한 종류의 사고는 두 가지 반응으로 나뉘어진다. 먼저 사회 변화는 아주 지나치게 복잡하다는 사실을 당당하게 주장하며, 단기적으로 긍정적인 임팩트를 미치는 일에만 매달리는 반응이다. 투자업계에서는 "제너럴 일렉트릭 General Electric 주식을 샀다고 해고당할 사람은 없다."라는 말이 있다. 이에 상응하는 말은 "푸드 뱅크 Food Bank 에 기부하는 것을 나쁘게 생각하는 사람은 없다."일 것이다. 다른 반응은 다음과 같을 것이다. 풍부한 자원과 인재가 넘치는 지구에 살고 있고, 하루 만에 플로리다 Florida 의 오렌지를 일본으로 운반하는 것도 가능한 세상인데도 사람들의 고통을 줄일 수 있는 방법을 찾는 일을 우선시하지 않는 이유는 무엇일까?

나와 아너 벤 아미는 체계적인 방법으로 파이 인베스트먼트를 이끌어줄 세계관을 명확히 표현하는 데 주력했다. 새로운 영향력으로 인해 우리의 사고가 확장되거나 복잡해지면, 그에 따라 세계관을 지속적으로 보완하고자 했다.

우리의 잠재적 사업 파트너들에게 발송하는 1페이지 분량의 문서에는 착취적 경제를 강화하는 구조적 문제를 지적하고 이를 개선하기 위한 방안이 서술되어 있다.

---

| 구조적 문제 |

1. _____ 주주 우선주의는 기업의 인센티브를 왜곡시킨다. 기업의 유일한 목적이 주주의 수익 극대화인 경우, 근로자와 지구 환경을 자산이나 이해관계자로 인식하는 것이 아니라 최소화해야 하는 비용으로 취급하게 된다.

2. _____ 제한된 소유권은 부의 착취로 이어진다. 이로써 사업 관계는 익명으로 이루어지며, 장기적으로 지속 불가능한 재무적 수익을 강조하게 된다. 소유권, 더 나아가 재무적 수익은 자원에 접근할 수 있는 사람들에게만 주어질 것이다. 재무적 수익의 기반은 부의 착취인데, 대개 혜택을 받지 못했던 지역 사회 또는 재생 불가능한 자원에서 얻은 경우가 많다.

3. _____ 단기적인 금융 수익에 대한 지나친 강조는 한정적인 자원과 양립할 수 없는 영구적인 성장에 대한 추구로 연결된다. 그 결과, 현재의 환경 위기에서 벗어나는 방법을 획책하게 된다. 민간 시장은 임팩트 수행에 신경 쓰지 않고 투자자의 수익 극대화를 위해 기업과 자산을

---

10 목표에서 실천으로 그리고 확장까지

매각하게끔 만든다.

4. _____ 제한된 리더십은 전 세계적인 문제를 해결하고자 하는 창의성을 저해한다. 임팩트 투자는 일반적으로 투자자, 펀드 매니저, 그리고 중개인과 기업가에 의해 정의된다. 여기서 지역 사회의 참여는 매우 제한적이다.

| 개선 방안 |

1. _____ 인류 혹은 지구에서 가져오는 이익보다 더 많은 가치를 더한다.

2. _____ 윤리적인 생산을 통해 새로운 것을 창출하기보다 전반적인 소비를 감축하는 방향으로 인간의 욕구를 충족시킨다.

3. _____ 설계와 경영, 소유권에 지역 사회가 참여할 수 있도록 하고, 이들이 단체 행동을 할 수 있도록 지지한다.

4. _____ 지역 사회의 관점에서 광범위하고 심도 있는 소유권을 지원할 수 있는 투명하고 직접적인 투자 기회를 창출한다.

5. _____ 투자자와 기업가, 지역 사회의 위험과 수익 간의 균형을 맞춘다.

6. _____ 기업이 성장함에 따라 목표에 집중할 수 있도록 돕는 투자 구조를 탐색한다.

파이 인베스트먼트는 특정 분야에서 변혁적인 프로젝트를 찾을 수 있도록 도울 뿐만 아니라 전 분야에 걸쳐 포트폴리오를 구축할 수 있도록 돕는다. 여기에서 특정 분야는 경제 시스템 변화를 장려하고, 환경을 파괴할 동기를 없애도록 설계된 것들을 의미한다. 동시에 분야와 지역을 막론하고 프로젝트를 확대할 수 있는 방법, 특히 각 분야를 연결시킬 수 있는 방법을 지속적으로 찾고 있다. 예를 들어, 음식물 쓰레기 문제를 처리하는 프로젝트를 저소득층을 위한 식량 문제를 해결할 수 있는 기회와 연결되도록 유도할 수 있을 것이다.

임팩트 투자는 성장하고 있는 새로운 산업이기 때문에, 투자 기회가 여전히 제한적인 상황이다. 그렇기 때문에 임팩트 투자의 범위를 지나치게 한정 지으면, 임팩트 투자로 포트폴리오를 100퍼센트 구현하는 데 다소 한계가 있다. 즉, 많은 자산군 중에 오직 클리브랜드Cleveland의 식량 문제를 해결하는 데에만 투자하기는 어렵다. 이와 같은 이유로 전체적인 포트폴리오를 완성하는 데에 파이 인베스트먼트의 접근 방식이 도움될 것이다.

우리는 임팩트에 대한 한계를 극복하고자 하는 기업가와 펀드 매니저들의 관심을 불러일으켰다. 더 많은 사람들의 주목을 얻기 시작하면서, 구조적인 변화에 열광하는 동료를 찾기가 수월해졌다. 한 분야에 투자하는 것에 관심이 많은지 혹은 광범위한 분야에 투자하는 것을 추구하는지에 관계없이 하나의 목표를 향했다. 마침내 2014년 트랜스폼 파이낸스는 백악관에서 트랜스폼 파이낸스 투자자 네트워크Transform Finance Investor Network를 개최했고, 회원들은 변혁적인 임팩트를 위해 5억 5,600만 달러를 기부했다. 현재는 20억 달러 이상의 기부가 이루어지고 있다. 이는 개인에서 기관에 이르기까지, 많은 투자자들이 임팩트에 관심을 가지고 참여하고 있다는 사실을 증명한다.[2]

## 얼마나 많은 돈을 벌고 싶은가?

투자자는 얼마나 많은 돈을 벌고 싶은지 생각해야 한다. 사람들은 종종 이 질문을 건너뛴다. 대부분의 투자자들은 본능적으로 빨리, 그리고 많은 돈을 벌고 싶을 것이다. 그러나 임팩트 투자자라면, 다음과 같이 고민해야 할 것이다. 본전치기만 해도 괜찮은가 아니면 더 많은 이익이 필요한가? 다시 말해, 자선 활동으로 투자 기금을 모두 써버려도 무방한가? 만약 더 많은 돈이 있다면 어떻게 사용할 것인가? 이때 돈을 어떻게 벌었는지에 따라 생각이 달라지는가? 돈이 필요한 시기와 기간은 언제인가? 일반적인 펀드가 10년 안에 수익을 올릴 수 있는 반면 임팩트 펀드는 12년이 지나야 수익을 올릴 수 있다고 해도 개의치 않을 것인가? 임팩트 달성을 위해 재무적 이익을 적게 가져가도 상관없는가?

이러한 질문에 대해 법적으로 매년 자산의 5퍼센트를 기부해야 하는 재단은 매우 쉽게 대답할 수 있을 것이다.[3] 재단의 경우, 직원 채용과 업무 지원에 일정한 금액을 지출해야 하고 물가 상승률도 고려해야 한다. 그렇기 때문에 더 위험하지만 더 높은 수익을 추구하기보다 상대적으로 안정적인 8퍼센트의 수익률을 추구할 가능성이 높다. 이는 종종 투자의 '기부금 모델'이라고 불린다.

재단은 두 가지 방법 중 하나를 택할 수 있다. 먼저 재단의 재원을 써버리고 줄이고자 할 수 있다. 기후 변화와 불평등으로 인해 세상이 50년 안에 사라질지도 모르는데, 자산 유지에 치중하는 전략은 좋지 못하다고 판단한 것이다. 반면 장기적인 전략을 취하기로 결정할 수도 있다. 그렇다면 더 많은 기부를 하기 위해 자산을 늘리고자 할 것이다.

개인이 동일한 질문에 대답하고자 할 때에는 훨씬 더 도전적이고, 개인적이고, 복잡한 노력을 요구한다. 부가 한정되어 있는 투자자는 현재와 미래 세대 모두에게 더 많은 선택의 자유를 누리게 하기 위해 자본을 더 많이 축적하려고 할 수 있다. 혹은 부유한 투자자는 자식 세대를 위해 그 부를 보존할 수도 있고 사회에 환원하고 싶어할 수도 있다. 노년기에 닥칠 사회 안전망 감소에 두려움을 가질 수밖에 없는 노동자 계층은 노후 보장 차원에서 투자 수익률을 극대화하고자 할 것이다.

돈을 물려받은 사람들에게 그 돈의 출처는 중요하게 작용할수 있다. 돈을 어떻게 다루고 싶은지, 그리고 합법적인 방법으로 어떻게 다루어야 하는지 등에 영향을 미칠 수 있기 때문이다. 화석 연료 개발, 노예 제도, 노동자 착취, 낮은 수준의 일자리 제공 등으로 취득한 돈을 물려받은 차세대 부호들 중에는 돈의 출처가 가진 심각한 문제를 인지하고 있는 이들도 많다. 그들은 역사적 과오 중 일부를 시정하기 위해 재원을 사용할 수 있다. 또 보조금 제정이나 투자 관행을 통해 자발적으로 문제점을 개선하는 것을 의무라고 여길 수도 있다.

부유하면서 진보적인 젊은이들이 모여, 사회 문제를 함께 탐구하는 비영리 단체가 있다. 바로 리소스 제너레이션이다. 이들은 자신의 부를 이해하고, 이를 사회적 이익을 위해 활용하고자 한다. 일부 신탁 구조에서는 수익자가 그 돈을 보존하도록 법적으로 강제한다. 이 경우 돈을 다 사회에 환원하고 싶어도 그렇게 할 수 없다. 수익자는 부를 최대화할 것인지, 아니면 자본을 합리적으로 보존하려는 규제 기관의 제약 조건을 따르며 임팩트를 최대화할 것인지를 선택할 수 있다.

몇몇 임팩트 투자자는 재무적 수익의 극대화를 최우선 순위에 둔다. 그리고 부차적으로 수익을 추구하는 방식에 대한 제약 조건, 이를테면 가치관, 전문성, 수용성을 반영하는 프로젝트 유형 및 산업, 위험 수준을 설정한다. 그러나 이들은 완벽하게 좋은 수익을 낼 수 있거나 신뢰할 수 있는 프로젝트조차도 소위 말하는 '시장 수익률'을 다소 하회한다면, 대개 고려 대상에서 제외한다. 그러나 시장 수익률은 믿을 수 없을 정도로 변동적이고, 앞서 지적했듯이 금융권의 과대 망상에 근거한 수치인 경우가 많다.

파이 인베스트먼트는 포트폴리오의 재무 성과를 평가하기 위해 시장 수익률이 아닌 전통적인 시장 인덱싱* 기법을 사용한다. 시장은 호황과 불황이 반복되더라도 시간의 흐름에 따라 상승하기 마련이다. 급격한 등락이 반복되는 것은 시장의 속성이지만 부분적으로는 '창조적 파괴'라는 가치가 있기 때문이다. 그러나 꾸준하고 지속 가능한 성장이 장기적으로 더 나은, 더 건강한 경제를 창조한다는 사실을 명심해야 한다. 파이 인베스트먼트는 성장하거나 파산할 기업에 무모한 제안을 하기보다 합리적인 성장 경로를 제시하는 거래와 자금을 찾고자 한다. 또 재무 수익을 극대화하기보다 기존의 자본을 보존하고 적정한 수준의 재무 수익을 더하기 위한 전략을 정의하고자 한다. 이러한 이유로, 투자를 식별하는 데 있어 재무적 규율을 갖추어야 할 필요가 있다.

먼저 파이 인베스트먼트는 임팩트 프레임워크와 수익 목표

---

* 인덱스Index는 시장 지수(시장을 구성하는 경제 요인의 움직임을 나타내는 지수, 특히 평균 주가)를 의미한다. 인덱싱 기법이란 전체 시장 인덱스와 비슷한 수익률을 달성하려는 수동적 투자 기법이다.

를 설정했다. 다음 단계는 이를 각 자산군별로 임팩트 목표와 재무 목표로 나누고, 전체적으로 자산 배분을 설정하는 것이었다. 즉, 투자자가 현금에서 채권, 주식, 벤처 캐피털 및 기타 민간 투자에 이르기까지 다양한 유형의 투자에 얼마나 많은 돈을 배분할지 선택해야 한다.

## 재무 전략 수립하기

제3자인 자문 위원과 함께 자산 배분 판단 기준을 설계했다. 이는 일반적으로 수천 개의 미래 시나리오를 분석한 다음 목표를 달성하는 데 최적의 구조를 마련하기 위한 단계이다. 여기에는 상당히 표준적이고 기술 집약적인 프로세스가 포함된다. 무가치한 데이터를 넣으면 무가치한 결과가 나온다는 말이 있듯이, 모델링은 매우 신중하게 관리되어야 한다. 본질적으로 불완전하긴 하지만, 미래 시나리오는 금융 산업이 보유한 최고의 도구이며 유용한 시작점을 제공한다. 철저한 분석을 토대로 목표 수익률을 달성할 가능성이 가장 높은 포트폴리오를 구축하기 위해서, 초기 단계에 각 자산군의 목표 수익률을 대략적으로 예측해야 한다.

파이 인베스트먼트는 임팩트 우선순위에 기반하여, 기존의 자산 배분을 일부 조정했다. 높은 재무 성과를 보인 기존의 헤지 펀드와 마스터 합자 회사*를 제외했다. 구조적으로 선하지 않다고 판단했기 때문이다. 헤지 펀드는 투명성이 부족했고, 마스터 합자 회사는 화석 연료 산업을 지원한 이력이 있었다. 재무 상담가는 이 두 가지를 제외하더라도 수익률을 달성할 수 있다고 판단했으며, 자산 배분을 조정하는 데 동의했다.

잠재적인 투자 기회를 평가하기 위해서는 전통적인 자산 배분 프레임워크보다 한 단계 더 나아가야 한다는 것을 깨달았다. 예를 들어, 프라이빗 에쿼티 펀드의 수익률 목표가 10퍼센트라고 가정해보자. 당신에게 세 가지의 투자 기회가 있다. 각각 8퍼센트, 11퍼센트, 13퍼센트의 수익률이 예상된다. 대부분의 사람들은 본능적으로 항상 13퍼센트의 투자 기회를 선택할 것이다. 그러나 각 기회가 서로 다른 위험과 다른 임팩트를 가지고 있다는 사실을 감안한다면, 가장 돋보이는 수익률을 내는 대상이 반드시 가장 적합한 대상은 아니다.

우리는 투자 유형별로 예산 책정에 신중을 기하고, 수익률이 낮은 투자 상품을 추천하는 이유와 시기를 정확히 파악해야 했다. 어떤 이들은 이를 '포기 수익률'이라고 부를 수도 있다. 그러나 우리는 목적에 부합하면서도 달성 가능한 수익률을 시현하는

---

* Master Limited Partnership, 미국 에너지 인프라 확충을 위해 생겨난 개념으로, 에너지 관련 인프라 자산을 보유 및 운용하는 합자 회사를 대표하는 용어로도 사용된다.

데 주안점을 두고 싶었다. 이에 따라 자산 배분(자본, 부채, 실물 자산을 포함한)의 판단 기준을 세 가지 하위 범주로 구분했다.

1. 높은 예상 수익률, 낮은 재무 위험, 중간 수준의 임팩트 | 전통적인 금융 상품보다 더 긍정적인 임팩트를 제공하지만 특별히 변혁적이지 않은 펀드가 포함된다. 일반적으로 우리가 임팩트를 높이기 위해 참여하고자 하는 펀드이기도 하다.

2. 높은 예상 수익률, 더 높은 재무적 위험, 높은 수준의 임팩트 | 더 높은 위험을 감수해야 하지만, 임팩트 수준이 우리의 임무와 상당히 연관 있는 투자 기회가 포함된다. 일반적으로 많은 임팩트 투자 펀드가 '최초'이거나 '소규모'라는 사실을 감안할 때, 이 범주의 펀드를 포트폴리오에 편입시키는 것은 필수적이다.

3. 낮은 예상 수익률, 더 낮은 재정적 위험, 높은 수준의 임팩트 | 일반적으로 훌륭한 투자 이력을 가진 펀드가 포함된다. 비록 시장 수익률에는 못 미치지만 수긍 가능한 수익률을 내며, 고유한 임팩트를 거둘 수 있다. 특히 기부금 모델에 기반한 경우에 이 범주가 상당히 유용할 것이다. 변동성을 최소화하면서 목표로 하는 임팩트를 달성할 수 있기 때문이다.

중간 예상 수익률, 중간 수준의 임팩트를 가진 펀드는 범주에서 제외했다. 임팩트 투자에 관한 대화를 진전시키는 데 도움이 되지 않는 시시한 기준이라고 판단했기 때문이다. 중간 예상 수익률은 사람들의 참여를 독려할 만큼 일관되지 않고, 중간 수준의 임팩트는 설득력이 없다. 따라서 바벨 전략*을 진화시킨 투자 전략을 채택하고자 했다. 특히 재무적으로 매우 성공한 펀드와 장기간의 실적을 달성한 기업이면서, 동시에 임팩트를 확장시킬 수 있다고 판단될 때 지원을 결정한다. 그와 반대로 더 위험하거나 더 낮은 수익률이 예상되지만 정말 예외적인 임팩트를 달성한 펀드와 기업을 지원하기도 한다.

## 임팩트 전략 수립하기

투자자가 재무 전략에 동의하지 않는다면, 비교적 해결하기 쉬운 상황이다. 그러나 투자자가 임팩트 전략에 동의하지 않는다면 상황은 훨씬 더 복잡해진다. 임팩트 전략은 대개 매우 개인적

---

* 바벨은 역기를 뜻하며, 바벨 전략은 중간을 제외하고 양극단을 선택하는 전략을 의미한다. 즉, 중간 정도의 위험을 지닌 자산은 배제한 채, 안정성이 높은 자산과 위험도가 높은 자산(고수익을 추구하는 자산)만으로 포트폴리오를 구성하는 전략이다.

이며, 가치관이나 삶의 의지를 반영하기 때문이다.

만약 투자 제안을 거절해야 할 때는 임팩트 전략에서 효과적이라고 보는 부분과 그렇게 보지 않는 부분에 대해 충분히 설명한다. 또 거절의 이유에 대해 구체적으로 설명한다. 일부 사람들은 이 과정에서 화가 날 수도 있겠지만, 임팩트 투자 산업의 성장을 위해서는 이러한 대화가 필수적이라고 생각한다.

이제 높은 수준의 임팩트가 무엇인지, 프로젝트의 수익성에 더 큰 융통성을 발휘해야 할 때가 언제인지를 명확히 해야 할 단계이다. 섹터 중립적*인 접근 방식을 취하더라도, 농업, 마이크로파이낸스, 청정 에너지, 건강, 중소기업 개발, 주택 사업 분야의 임팩트가 모두 적합한 자격이 있다는 의미는 아니다. 중요한 것은 '무엇을 하느냐'가 아니라 '어떻게 하느냐'이다. 농업 프로젝트가 소규모 농가에 힘을 실어주었는지 아니면 토지를 약탈했는지, 마이크로파이낸스 프로젝트가 소득 증가에 실질적인 기회를 제공했는지 아니면 계속 빚을 져야 하는 상황으로 몰아넣었는지 말이다.

파이 인베스트먼트는 임팩트 투자 기회를 평가할 때 임팩트 효과에 초점을 맞춘 렌즈를 특정 프로젝트뿐만 아니라 해당 산업

---

* 한 포트폴리오 내에 특정 업종의 구성 비중이 벤치마크의 업종 구성과 비교해서 초과 혹은 미달하지 않은 상태. 즉, 포트폴리오가 벤치마크에서 크게 벗어나지 않는 것을 의미한다.

자체에 적용한다. 그리고 특정 산업 내에서 구조 변화를 이끌어 낼 수 있는 개입 방법을 생각한다. 이를 통해 산업 부문에 상관없이 장기적이고 구조적인 임팩트를 평가하는 데 도움이 되는 주요 기준을 제시함으로써, 매우 다양한 포트폴리오의 임팩트를 측정할 수 있다. 이후 특정 분야 및 특정 유형의 개입과 관련된 기준을 덧붙여서 평가를 보완할 수도 있다.

임팩트 렌즈를 통해 민간 투자를 평가하는 데 도움이 되는 네 가지 기준이 있다.

1. **지역 사회** | 지역 사회가 프로젝트에 어떤 식으로 관여하고 있는가? 그들의 요구 사항을 파악하여 설계와 경영, 소유권에 반영했는가? 결과적으로 지역 사회는 얼마나 나아질까? 중요한 지역 사회 또는 산업 부문과 접촉했는가?

2. **모범 사례** | 펀드는 산업 부문이 아니라 지역적 상황을 고려하여, 지역 사회, NGO 단체, 옹호 단체가 정의한 모범 사례에 따라 자산을 관리하고 있는가?

3. **가치 창출** | 펀드 매니저가 창출한 사회적·환경적 가치는 무엇인가? 기존 관리자 또는 경쟁사의 관리자가 보유한 자산과 비교했을 때 차별성을 가지고 있는가? 업계 최고의 관행을 따르고 있는

가? 특별한 전문 지식을 제공하고 있는가? 피투자자와 중요한 관계를 유지하고 있는가? 임팩트를 측정하는 것에서 더 나아가 적극적으로 임팩트 경영에 참여하고 있는가?

4. **전환 계획** | 특정 자산에 대한 임팩트 투자를 종료하게 될 경우, 전환 계획 또는 출구 전략은 무엇인가? 사회적·환경적 가치는 어떤 식으로 유지될 것인가?


무엇이 실제로 높은 수준의 임팩트를 만드는지 판단하는 것이 중요하다. 임팩트 투자자라면 최고의 투자 기회를 식별하기 위해 현장을 조사하고 지역 사회와 관계를 유지하기 위해 노력하는 것과 마찬가지로, 현명한 의사 결정을 내리기 위해 네트워크를 형성하고 정보를 얻는 데 능숙해야 한다. 임팩트 투자자의 결정은 다른 사람들의 삶에 직접적인 영향을 줄 수 있다는 사실을 명심해야 한다.

파이 인베스트먼트는 전문가에 대해 광범위하게 정의하고, 특정 분야의 전문가들과 대화하는 것을 시작으로 본격적인 일을 수행한다. 일반적으로 투자 기회를 평가할 때는 다음의 세 가지 범주에서 각각 최소한 2명의 전문가와 대화하는 것을 목표로 한다.

1. 지역 사회 구성원 또는 특정 서비스 사용자 | 마이크로파이낸스 대출을 받은 여성, 재생 에너지 개발을 명목으로 토지 수탈이 이루어져 고통을 받는 지역 사회에 거주하는 농부, 공교육과 사교육 중에 선택의 어려움을 겪는 가족 등이 여기에 포함될 수 있다.

투자자는 종종 기업가들에게만 질문하고, 탁상공론에 지나지 않는 연구를 수행함으로써, 생활 환경이 매우 다른 사람들을 이해하려고 노력한다. 많은 투자자들은 스스로 공감 능력이 뛰어나다고 확신하지만, 실제 경험을 능가할 수 있는 것은 없다. 한 사람의 경험이 100만 명에게 영향을 미칠 수 있는 개입으로 연결되는 것이 타당하다고 확신할 수는 없다. 하지만 개입이 개인의 전반적인 삶의 질을 구성하는 다른 요소와 상호 작용한다는 사실을 이해하는 데 도움이 될 것이다.

또 기업 실사를 위해 출장을 한 번 간다고 해서 대화가 원활하게 이루어지는 것이 아니다. 출장의 형태로 방문한 경우, 지역 사회 구성원이 자신의 이야기를 털어놓기 어려운 온갖 역학 관계가 있을 수 있다. 신뢰 관계가 확립된 후에야 진정한 대화가 시작된다. 사회 운동에 대한 이해가 없거나 수혜자의 삶을 토대로 수혜자를 지원하려는 노력을 보이지 않는다면, 제대로 된 대화를 시작하기 어려울 것이다. 즉, 구체적인 공감대가 형성되지 않는 한, 임팩트를 평가하는 데 있어 중요한 정보에 접근하기 어렵다. 투자자 또는 기업가는 직접 참여를 통해 개입의 필요성을 이해할 수 있다.

따라서 개입이 임시방편에 불과한지 혹은 구조적 해결책인지 판단할 수 있다.

2. **뛰어난 기업가 또는 펀드 매니저** | 기업가나 펀드 매니저는 개입 전반에 걸쳐 광범위한 경험을 보유하고 있다. 그러므로 다양한 해결책의 재무 및 임팩트 잠재력을 가장 잘 평가할 수 있는 집단이다. 또 특정 프로젝트를 구현하는 것이 얼마나 어려운지 또는 그렇지 않은지에 대한 가장 정확한 정보를 가지고 있다.

어쩌면 효과적인 개입을 위해 여러 모델을 이미 시도한 다음 폐기했을 수도 있다. 당신은 이를 바탕으로 이전 사람이 저지른 실수를 반복하는 것을 피할 수 있다.

3. **특정 분야에 초점을 맞춘 투자자** | 기업가와 비슷하지만, 더 광범위하고 장기적인 안목을 가진 투자자들은 대체로 첫 번째 투자를 결정하기 전에 한 분야에 대해 철저히 조사한다. 그들은 또한 섹터 중립적인 투자자라면 실행하지 못할 방식으로, 특정한 개입의 기술적인 위험을 평가하는 작업을 꽤 많이 수행했을 수도 있다.

그렇다면 다면적인 조사는 어떻게 이루어져야 할까? 때때로 빡빡한 일정으로 인해 여러 집단이 합심해 한 달 동안 집중적인 조사를 진행할 수도 있다. 반면 수년에 걸쳐 진행되는 일련의 대화를 통해 이해력을 높여야 할 때도 있다. 물론 조사 단계가 아닌 실제 투자 기회를 평가해야 할 때, 더욱 치열하게 임해야 할 것이다.

재생 에너지 개발과 마이크로파이낸스, 이 두 가지 분야의 사례를 통해 이 같은 조사 방식을 파악할 수 있을 것이다. 먼저 재생 에너지의 경우, 가장 효과적인 해결책과 기회를 찾는 것이 우리의 목표였다. 따라서 가정용 시스템, 마이크로그리드 및 유틸리티 규모의 에너지 개발에 경험이 있는 사람들과 연계되도록 했다. 마이크로파이낸스 분야의 경우, 지역 사회의 구성원들만 접촉하는 것이 아니라 논쟁의 여지를 감안하여 각 집단의 찬성론자 및 반대론자와도 반드시 대화를 하도록 노력했다.

여기서 다음과 같은 합리적인 질문을 하는 사람이 있을 수 있다. 이 당사자들이 왜 힘들게 얻은 지식을 무임승차하려는 비전문가에게 대가 없이 나누어 주고 싶어하겠는가? 이는 종종 기업가들이 불만을 보이는 부분이기도 하다. 투자자는 투자를 하지 않더라도 기업가가 시간을 내어줄 것으로 기대하기 때문이다. 그렇기 때문에 정보를 찾을 때 다른 사람에게 가치를 제공하는 방법을 찾는 것도 중요하다. 생산적인 대화를 통해 발전을 도모하는 것은 무엇보다 중요한 가치라는 사실을 명심해야 한다. 일리오스 파운데이션Eleos Foundation의 전 회장인 앤디 로우어Andy Lower는 기업가로서 일하는 데 할애한 것과 동일한 시간을 유용한 피드백을 제공하는 데 할애하도록 했다. 잠재적 투자 기회를 평가하든 특정 주제에 대한 일반적인 피드백을 전달하든 간에 말이다.

기업가들은 현장 경험을 토대로 한 조사를 대체로 높이 평가한다. 아프리카에서 사업을 하는 기업의 비교적 큰 딜에 참여한 적이 있었다. 그때 우리는 신디케이트*에서 최소 규모의 투자자였으며, 동시에 아프리카 대륙을 방문한 유일한 투자자였다. 내부적으로는 아프리카를 방문하는 것이 기본적인 사항이라고 판단했지만, 외부적으로는 특별한 사항으로 평가되었다.

다양한 정보와 전문가의 의견을 분석하고, 이를 문서화하는 작업은 팽팽한 긴장을 요한다. 다양한 의견을 받아들이고, 이를 유용한 것으로 변화시켜야 하기 때문이다. 이때 주관적인 관점에 치우치지 않는 것이 중요하다. 나와 아너 벤 아미는 임팩트 결정의 과정에 내재된 과도한 주관성을 드러내는 단순화된 임팩트 등급 시스템을 고안했다. 임팩트를 '좋은 상황, 더 나은 상황, 최고의 상황'으로 구분하는 것이다. 이는 기업 실사의 출발점이 될 수 있다.

---

•    Syndicate, 주식이나 공사채 등의 유가 증권 발행 시 그 인수를 위하여 결성되는 인수단. 유가 증권의 인수, 모집을 책임지며 잔액이 발생한 경우에는 이것을 인수한다.

**좋은 상황 |** 개입이 최소한 현상 유지보다 더 나은 선택인가? 즉, 개입이 완전히 변혁적이지는 않더라도 피해를 입힐 가능성은 제한적인가?

**더 나은 상황 |** 개입이 일종의 구조적인 변화를 일으키는가? 즉, 문제의 핵심을 관통하는가?

**최고의 상황 |** 개입이 체계적인 변화를 가져올 뿐만 아니라 지역 사회가 재무적 가치에 대해 공정한 몫을 받는가? 해당 지역 사회가 설계, 경영 및 소유권 측면에서 관여하고 있는가?

개발 도상국의 재생 에너지 개발과 관련해 각각의 전문가로부터 얻은 정보가 업무의 방향을 이끌어갈 수 있도록 임팩트 등급 시스템을 다음과 같이 적용했다.

**좋은 상황 |** 훨씬 더 많은 에너지와 서비스를 제공하면서 등유보다 비용이 적게 드는 가정용 시스템은 물 펌프와 같은 생산적인 활동보다 텔레비전과 같은 소모적인 활동에 주로 사용된다.
이러한 시스템은 등유보다 훨씬 안전하고 깨끗하지만 장기적인 에너지 문제를 해결하지는 못한다. 일부 시스템은 더 많은 에너지를 제공하도록 확장할 수 있지만, 추가 투자가 필요하다. 이 경우 기존의 공급자보다 새로운 공급자가 저렴한 요금으로 사용자에게 서비스를 제공할 수 있기 때문에 착취적인 방향으로 흐를 위험이 있다. 이때 서비스 제공에 있어 투자자, 기업가, 지역 사회 간의 이익 균형을 맞추는 방식을 추진하기 위해 노력하지 않는다.

**더 나은 상황** | 기존 화석 연료를 대체하는 마이크로그리드 시스템, 전력망 연결 시스템\* 혹은 전력망급 프로젝트\*\*이다. 에너지가 부족한 사람들의 70퍼센트는 전력망에 연결되지 못하는 상황에 놓인 것이 아니다. 전력망에 연결은 되지만 전력 부족 상태에 처해 있다. 전력망 1킬로미터 내에 거주하는데도 사용에 어려움을 겪고 있다. 이때 가장 좋은 개입은 시스템 내에 더 많은 라인을 확보하여, 송배전을 원활히 하고 기존의 에너지원을 정리하는 것이다.

다른 지역, 이를테면 언덕이 많은 르완다<sup>Rwanda</sup>와 같은 지역에서는 마이크로그리드를 설치하는 것이 비용적인 측면에서 실제로 더 저렴하고, 장기적인 해결책이 될 수 있다. 이때 민간 기업은 어떤 방식으로 정부와 파트너십을 맺을지 그리고 에너지 공용화를 어떻게 유지할지에 대해 신중하게 생각해야 한다. 에너지 접근의

---

* 마이크로그리드와 기존의 대형 그리드를 연결하는 시스템으로, 분산 전원과 기존 전력망을 연결한다.
** 대형 송전망이지만 화석 연료가 아니라 재생 에너지에 기반한 발전 방식

공용화는 부유한 지역 사회 구성원뿐만 아니라 모두가 수용할 수 있는 가격으로 시행되어야 한다.

**최고의 상황** | 설계, 경영 및 소유권에 있어 지역 사회의 참여에 대해 우호적인 케냐<sup>Kenya</sup>의 비룽가<sup>Virunga</sup>와 같은 마이크로그리드 기업은 투자자가 수익을 실현한 후, 자산 소유권을 지역 사회 소유로 전환한다. 혹은 아프리카 전역과 팔레스타인<sup>Palestine</sup>의 기가와트 글로벌<sup>Gigawatt Global</sup>과 같은 유틸리티 규모의 광역망을 가진 기업들은 학교 등의 지역 사회의 기관에 더 많은 가치를 제공한다. 학교가 토지를 제공하거나 태양광 설치를 위한 임시 사무소의 역할을 하는 대가로 높은 임대료를 지불하는 식이다.

기업이나 기업가는 긍정적인 영향을 미칠 수 있는 개입을 고안했다고 강하게 확신하지 않는 한, 개입을 피하려고 한다. 한 예로 임팩트 워싱이 만연한 일부 분야에서는 좋은 회사를 가려내기가 어려워 임팩트를 추구하기가 쉽지 않다. 이에 따라 '좋은 상황, 더 나은 상황, 최고의 상황'은 '좋은 상황, 나쁜 상황, 추악한 상황'으로 바뀔 수 있다.

우리는 마이크로파이낸스에 임팩트 워싱이 만연하다고 결론 지었고, 이와 관련한 투자 활동을 특별히 제한하기로 했다. 대신 더 나은 방향으로 추진할 수 있는 잠재력이 있다고 판단되는 기업을 지원하는 데 집중하기로 했다. 이는 완벽을 추구하다가 선을 놓치게 되었다는 비난을 받을 수 있다. 하지만 선을 부각시킨 다음 그 선이 최고가 되도록 장려하는 방침을 선택하고자 한다.

투자자는 종종 하방 보호*에 대해 이야기한다. 이는 기업가나 펀드 매니저가 재무적인 손실을 입지 않기 위해 하는 행동이다. 마찬가지로 임팩트 투자자라면 임팩트의 하방 보호에 대해 생각해야 할 것이다. 즉, 기업가와 펀드 매니저가 판단했을 때 좋은 개입이 궁극적으로 사람들에게 해를 끼치는 형태로 마무리되지 않도록 보장해야 한다. 역설적이게도 금융 서비스와 같이 사람들에게 도움을 주려는 의도를 가진 산업 부문에 가장 큰 위험이 존재한다. 따라서 아무리 임팩트 펀드라고 하더라도, 임팩트의 하방 보호와 관련해 신뢰가 생기지 않으면 자금을 지원하지 않을 수도 있다. 특정 펀드에 대한 심층적인 분석 없이, 단지 펀드가 관여하는 산업 부문에만 근거해 임팩트 범주에 속하는 것으로 분류해서는 안 된다.

이와는 반대로 세상에 즐거움을 줄 수는 있으나 주요한 사회적·환경적 문제를 해결하려 하지 않는 기업이나 기술에 자금을 투자한 펀드에 지원한 적도 있다. 파일 공유 서비스나 음악 프로

---

* 기초 자산의 가격 하락으로 얻게 된 손실을 풋 옵션(옵션 거래에서 특정 기초 자산을 만기일이나 만기일 이전에 미리 정한 행사 가격으로 팔 수 있는 권리)의 매수로 완충하는 것

그램을 제공하는 기업이 그 예이다. 이는 빈곤층을 도우려는 의도였으나 잘못된 방법을 선택한 투자와 비교했을 때 훨씬 더 중립적인 효과를 가져온다. 일반적으로 가장 긍정적인 개입을 추구하지만, 부정적인 개입보다 차라리 중립적인 것을 선호한다.

이제 조사 과정을 통해 얻은 결과물의 적용 방식에 대해 생각해야 한다. 결과물을 토대로 기업가와 펀드 매니저에게 더 구체적인 질문을 던질 수 있다. 예를 들어, 마이크로그리드보다 유틸리티 규모의 풍력 프로젝트가 더 큰 토지 수탈 가능성을 내포하고 있다는 사실을 알게 된다면, 다른 유형의 개입에 초점을 맞출 수 있을 것이다. 또 결과물은 위험 자본*을 어떻게 사용해야 할지에 대해 알려주기도 한다. 좋은 개입에 자금을 지원하기 위해 부채 또는 다른 형태의 저위험 자본을 권장할 수 있다. 또한 초기 단계의 자본의 경우, 최고의 개입을 위해 자본 투입을 유보할 것을 제안할 수도 있다. 예를 들어, 재생 에너지 산업에서 빠르게 확장될 기세였던 마이크로그리드 기업에 후기 단계의 투자를 지원할 수 있다. 후기 단계에 투자하게 되면 마이크로그리드의 유효성을 입증하는 데 도움이 될 것이다.

---

* 투자자가 경영 위험을 부담하는 자본으로, 기업의 최종적인 위험을 부담하는 주주가 출자한 자기 자본이다.

## 파이 인베스트먼트의 포트폴리오

투명한 정보를 제공하는 것은 기업의 잘못된 관행을 개선하기 위한 출발점이 될 것이다. 하지만 투명성을 보장하는 행위는 그 자체가 목적이 될 수 없고, 단지 책임감의 수단이라는 사실을 명심해야 한다. 여기서 책임감은 자신이 옳다고 판단하는 것을 행동으로 옮기고 이를 공개하는 것뿐만 아니라, 자신이 추구하는 가치에 대해서 직접적으로 설명하는 것을 의미하기도 한다.

따라서 파이 인베스트먼트는 책임감의 일환으로 포트폴리오를 공개하는 데 앞장섰다. 자산군 전반에 걸친 파이 인베스트먼트의 포트폴리오는 임팩트 투자가 지닌 기회의 다양성을 보여줄 것이다.

**직접 투자** | 엔젤 투자 또는 벤처 캐피털 등 민간 기업에 대한 직접 투자의 경우, 파이 인베스트먼트는 몇 가지의 가치관을 반영하고자 노력한다. 다만 이에 국한되는 것은 아니다.

1. _____ 지속 가능한 미래로 전환시키고자 한다. 특히 청정 에너지 경제로 전환하게 만드는 기업과 전략을 지원한다. 일반적으로 청정 에너지를 구매, 소유 또는 투자할 수 있는 능력을 민주화하거나, 소비

자 행동이 절약 등으로 전환될 수 있도록 장려하는 기업을 추구한다.

2._____ 지속 가능하고 저렴한 로컬 푸드로 지역 사회를 연결하고자 한다. 건강 식품 트렌드를 주도하고 그 혜택을 누리고 있는 도시 혹은 건강한 식품에 대한 접근성을 높이는 기업과 전략을 지원한다.

3._____ 부의 민주화를 추구한다. 일자리 창출을 넘어, 사람들의 삶을 변화시키도록 지역 사회의 혁신을 장려하는 기업을 지원한다. 특히 윤리적인 공급망을 구조화하고, 일자리의 질을 혁신하고, 경영 및 소유권에 대한 역할을 재정립하는 데 중점을 두고자 한다.

4._____ 공동의 목표를 지닌 사람들이 모여 단체 행동을 하기 위한 역량을 구축하도록 돕는 기업을 지원한다. 특히 오프라인 활동을 유도하며, 오프라인 활동을 보완할 수 있는 온라인 전략을 강조한다. 또한 대중의 목소리를 통해서 해당 업계에 영향을 미칠 능력과 열망을 가진 기업을 찾고자 한다.

초기 단계의 사회적 기업과 효과적으로 일하기 위해 투자를 구조화하는 과정에서는 유연성과 계획성이 모두 요구된다. 따라서 직접 투자는 부채, 유사 주식*, 수익 기반 재무, 전통적인 벤처 지분

• 부채의 특징과 주식의 기능을 가진 자본의 한 형태로, 메자닌 부채, 벤처 부채, 전환 부채, 구조화 주식, 우선주 등이 포함된다. 일반적인 주식보다 조달 비용은 낮지만 일반적인 주식과 거의 동일한 수준의 부가 가치를 제공한다.

에 이르기까지 다양하다. 또한 기업의 장기적인 미션을 보장하기 위해 거래 구조화에 관심을 기울인다.

**사모 대출 펀드** | 사모 대출 펀드는 일반적으로 일정 기간 동안 예측 가능한 수익을 제공한다는 점에서 고정 수입 자산으로 분류된다. (일반적으로 투자 기간이 길수록 펀드는 더 많은 이자를 지급한다.) 임팩트 투자는 다양한 성격의 사모 대출 펀드로 만족스럽게 구성된 상태이다.

파이 인베스트먼트는 미국 내 노동자 소유의 협동조합에 투자하고, 이동 주택 소유자가 해당 주택의 토지를 매입하도록 돕고, 지방의 소규모 사업을 돕는 자금을 지원했다. 국제적으로는 농업 협동조합에 자금을 지원하고, 언론 탄압의 역사가 있는 국가의 독립 언론 성장을 촉진하는 기금을 지원했다.

**프라이빗 에쿼티 펀드** | 설립 초기 단계 펀드에서 벤처 캐피털, 메자닌 및 후기 단계 펀드에 이르기까지 임팩트 투자 분야에는 프라이빗 에쿼티 펀드를 위한 다양한 투자 기회가 있다. 파이 인베스트먼트는 미국 전역의 저소득층에 다양한 서비스를 제공하는 데 초점을 맞춘 펀드를 지원했다. 이 펀드들은 해당 시장을 잘 이해하는 펀드 매니저가 관리하고 있다. 또한 사회적·환경적으로 유용한 제품을 제공하는 벤처 기업이 양질의 일자리를 제공할 수 있도

록 돕고 있다.

파이 인베스트먼트는 글로벌 펀드에는 제한적으로 투자하며, 대개는 기업에 직접적으로 투자하는 것을 선호한다. 그러나 글로벌 펀드에 투자하는 것은 매우 광범위한 거래의 흐름을 접하고 또한 임팩트 투자 산업의 성장을 지원하는 좋은 방법이 될 수 있다.

**실물 자산 |** 부동산, 삼림지, 목재, 귀금속 또는 광물 등과 같이 만질 수 있는 것을 포함하는 투자 범주이다. 이 범주에는 재생 가능한 자원과 재생 불가능한 자원이 모두 포함되기 때문에, 분야별로 어떤 유형의 투자가 적절한지 고려해야 한다. 이후 모범 사례를 확인하는 것이 중요하다. 또한 금융 수익에 대한 출구 전략이나 메커니즘은 일반적으로 해당 자산을 다른 사람에게 넘겨주는 것이기 때문에, 자산을 누구에게 팔 것인지도 해결해야 할 매우 중요한 문제이다.

파이 인베스트먼트는 임업과 저소득 주택에 투자하는 데 주력했다. 특히 재간접 펀드\* 상품을 면밀히 살펴보았다. 다른 자산군에 비해 실물 자산 펀드의 최소 투자 금액 요건이 높고, 그로 인해 적절한 수준의 투자 다각화를 달성하기 어려울 수 있기 때문이다.

---

＊ 펀드의 자산을 채권이나 주식 등에 직접 투자하는 것이 아니라, 채권이나 주식 등에 투자하는 다양한 펀드에 재투자를 하는 형태로 분산투자를 통해 위험을 최소화하는 펀드

진정한 의미의 변혁을 이루기 위해서는 임팩트를 갖춘 포트폴리오로 100퍼센트 구현하는 전략을 세우는 데 힘써야 할 것이다. 더불어 이러한 움직임이 하나의 관행으로 자리 잡으면서, 지속적으로 발전할 수 있도록 다 함께 노력해야 할 것이다.

# 11         임팩트를 위해
### 실천할 수 있는 일

임팩트 투자가 전 세계 경제에 긍정적인 영향을 미칠 수 있을 것이라고 기대한다. 더 나아가 경제 시스템을 완전히 새롭게 정립하고, 모든 계층의 사람들이 주도적인 리더의 역할을 수행하도록 도울 것이라고 생각한다. 물론 모든 사람들이 대규모 투자 포트폴리오에 접근 가능한 것은 아니다. 평범한 사람들도 임팩트 투자에 참여할 수 있는 방법이 있다.

사회적·환경적 위기를 걱정하고 해결하는 것을 중요하게 여기는 사람이라면, 재활용에 관심을 가지거나, 식료품점에 친환경 가방을 가져가거나, 사회적 시위에 참여하거나, 인종적 정의에 있어 본인의 역할을 점검할 것이다. 뿐만 아니라 매일매일 맞이하는 결정의 기로에서 언제나 좋은 의도를 발휘하고자 노력할 것이다. 이로써 일상 속에서 이미 임팩트 투자 산업의 일원으로서 훌륭한 역할을 해내고 있다고도 볼 수 있다.

이러한 신념을 실천하고 있는 사람일지라도 투자 포트폴리오는 전혀 다른 방향으로 구성되어 있을 가능성이 대단히 높다. 대형 은행의 저축 계좌와 뮤추얼 펀드*에 투자한 401(k)**, 신탁, 주식, 채권, 학자금 저축, 담보 대출, 심지어 신용 부채로 구성되어 있을 것이다. 이는 자신의 돈이 신념과는 별개로 자신이 혐오하는 모든 일들을 지원하고 있다는 의미와 같다. 하지만 이는 개인의 잘못이 아니다. 기존의 투자 방식을 그대로 따랐을 뿐이다. 금융 기관이 정작 돈을 어디에 쓰고 있는지 인식하게 된다면, 이를 가만히 두고 볼 수만은 없게 될 것이다. 걱정하지 않아도 된다. 돈과 가치관을 연계하는 절차는 그다지 어렵지 않다.

---

* Mutual fund, 유가 증권 투자를 목적으로 설립된 법인 회사
** 미국의 퇴직 연금을 뜻하는 용어로, 매달 일정 금액을 회사가 적립하되 관리 책임은 종업원에게 있다.

## 작은 행동이 큰 변화가 되기까지

개인의 차원에서 임팩트 투자를 당장 실천하고 싶다면, 다음의 네 가지 절차를 따르면 된다. 각 단계마다 30분 또는 그 이하의 시간이 걸리는 간단한 일이다. 이들 중 일부는 트랜스폼 파이낸스 원칙에 부합하고, 일부는 그렇지 않기도 하다. 하지만 기존 비즈니스 관행보다 훨씬 앞선 내용이다.

덧붙이자면, 이 제안은 사회적 투자에 관심이 있는 사람들을 위한 교육적인 개요에 가깝다. 결코 재무적 조언이 아니며 특정 상품이나 서비스 회사를 보증하는 것도 아니다. 그러므로 반드시 자신의 상황과 여건을 고려한 다음 선택해야 할 문제이다. 당연한 이야기이지만, 투자를 할 때는 전문적인 금융 담당자와 상의하는 것이 가장 이상적이다.

**1단계. 은행과 결별하라** | 대다수 사람들의 돈은 유명 대형 은행에 예치되어 있을 것이다. 하지만 대형 은행은 돈으로 온갖 끔찍한 일을 지원할 가능성이 높기 때문에, 계좌를 해지하는 것이 좋다. 이를 위해서는 여러 가지 번거로운 절차를 거쳐야 할 것이고, 어쩌면 2~3개월 동안은 예상치 못한 연체료 등으로 피해를 입을 수도 있다. 또 오랫동안 이용해 온 은행과 거래를 중지하는 일이 두려울 수도 있지만, 좋은 대안이 존재한다.

미국의 경우, 연방 정부의 지원을 받는 주요 은행과 마찬가지로 미연방 예금보험공사FDIC: Federal Deposit Insurance Corporation에 가입된 지역 은행이 있다. 물론 금리와 부가 서비스 혜택도 비슷한 수준이다. 수압 파쇄법, 광업, 인권 유린 등 끔찍한 일을 자행하고 있는 기업을 지원하고 있는 대형 은행이 아닌, 지역 은행과 거래를 시작하길 권유한다. 거래를 끊는 데 10분 남짓, 이후에 자동 이체가 설정된 서비스나 청구서를 새로운 계좌로 변경하는 데 20분 남짓이 소요될 뿐이다.

2단계. 금전적으로 어려운 시기를 대비할 수 있는 펀드에 가입하라 | 재정적으로 안전하거나 여유가 있다면, 금전적으로 어려운 시기를 대비할 수 있는 돈을 저축 계좌에 따로 예치했을 것이다. 이는 삶에 예기치 않은 변화가 발생했을 때 사용할 수 있는 비용을 비롯해 임대료, 결혼 자금, 주택 매매 계약금, 다른 주요 이벤트 등을 위한 것으로, 내년 혹은 2~3년 내에 쓸 일이 없을 가능성이 높다. 이자율이 0.1퍼센트도 안 되는 현실을 생각했을 때, 이러한 여유 자금을 저축 계좌가 아닌 2퍼센트 이상의 이자율을 받을 수 있는 장기 상품인 사모 대출 펀드에 넣는 것이 훨씬 가치 있는 일일 것이다.[1] 만약 비상 상황이 닥쳐서 예상보다 일찍 돈을 인출해야 한다면, 약간의 이자만 손해 보면 된다. 낮은 은행 이자율을 감안한다면 큰 위험이라고 보기 어렵다. 중요한 것은 원금을 손해 볼 일

은 없다는 점이다.

장기 상품의 대부분은 미연방 예금보험공사가 은행을 보호하는 것처럼, (안전성을 100퍼센트 보장하지는 않지만) 손실에 대한 보장과 비슷한 역할을 하는 재단의 자선 성격을 띤 후순위 자금과 함께 출시되는 것이 일반적이다. 금리가 불가피하게 변동하는 상황에서 이 같은 유형의 투자 기회들이 경쟁력을 계속 유지할 것으로 예상된다. 사모 대출 펀드의 또 다른 장점은 조금 더 개인적이고 표적화된 임팩트를 만들 수 있다는 점이다. 즉, 사회적 변화가 이루어지길 바라는 특정 영역이 있다면, 당신의 돈이 해당 영역에 쓰이도록 요청할 수 있다.

3단계. 주식을 정돈하라 | 글로벌 자산 운용사인 피델리티<sup>Fidelity</sup>를 통해 스스로 관리하는 주식을 보유하고 있을 수도 있고, 아니면 모건 스탠리<sup>Morgan Stanley</sup> 등에 소속된 재무 상담자에게 주식 투자를 일임하고 있을 수도 있다.

재무 상담자들은 종종 주식 보유자가 감내할 수 있는 리스크 수준이 A인지 또는 B, C인지 물어본 다음, 돈이 실제로 어디에 투자되었는지에 대해선 극히 제한된 정보만 제공한다. 뉴 리소스 뱅크<sup>New Resource Bank</sup>는 "당신은 당신의 돈이 어디서 하룻밤을 지내는지 알아야 한다."라고 강조했다. 그렇지 않다면, 돈은 당신이 바라지 않는 곳에 쓰이고 있을 것이다.[2]

다음의 표에는 스스로 투자할 수 있는 공모형 주식이 나열되어 있다. 이는 뮤추얼 펀드에서 부동산 투자 신탁REITs, ETF Exchange-Traded Fund까지 수많은 옵션들 중 몇 가지에 불과하다. 부동산 투자 신탁은 뮤추얼 펀드처럼 운용되는 부동산 자산 포트폴리오이며, ETF는 나스닥Nasdaq과 같은 특정 지수의 수익률과 연계되도록 설계된 펀드이다. 이는 개인 투자자들을 위한 뮤추얼 펀드와 흡사한 기능을 한다.

| 공모형 주식 |

| 이름 | 종목 코드Ticker | 임팩트 주안점 |
|---|---|---|
| Pax World Global Environmental Markets | PGRNX | 지속 가능한 식량, 농업, 폐기물 및 물 관리, 에너지에 대한 뮤추얼 펀드 |
| CRA(Community Reinvestment Act) Qualified Investment Fund | CRATX | 중저소득층을 위한 주택 정책 등과 같은 지역 사회에 중점을 둔 국채 |
| Calvert Global Water Fund | CFWAX | 수자원 인프라에 대한 뮤추얼 펀드 |
| PowerShares WilderHill Clean Energy Fund | PBW | 재생 에너지에 대한 ETF |

2012년 도이치 은행은 지속 가능한 투자에 관한 100개의 학술 연구 보고서를 분석했다. 이를 통해 환경·사회·지배 구조(ESG) 등급이 높은 기업들이 중장기적으로 봤을 때, 시장 수익률을 상회한다는 결론을 내렸다.[3] 이 연구 결과는 1990년대와 2000년대에 걸쳐 180개의 미국 기업을 조사한 2011년 하버드 경영대학원의 연

구를 뒷받침하는 것이기도 했다.

이 연구에서는 각 기업을 '높은 지속 가능성'과 '낮은 지속 가능성' 코호트'로 분류했다. 전략과 운영에 있어 강력한 지속 가능성이 있는 정책을 포함한 기업은 그렇지 않은 기업보다 연 4퍼센트에 달하는 높은 수익률을 보였다. 이에 따라 18년의 연구 기간이 끝날 무렵에는 복리 효과로 인해 거의 2배에 가까운 시가 총액을 달성하게 되었다.

연구자들은 우수한 상대적 성과의 이유를 다음과 같은 요인에서 찾았다. 기업에 더 관여하는 근로자, 안전성을 더 추구한 운영, 더 충성스럽고 만족감이 높은 고객, 더 두터운 이해관계자와의 관계, 더 뚜렷한 투명성, 더 협업적인 지역 사회, 더 우수한 혁신 능력 등이다.[4] 환경·사회·지배 구조 등급이 높은 기업들의 우수한 주가 성과가 입증된 것이다.

더불어 앞서 언급한 두 연구 결과는 모두 안전성, 좋은 지배 구조, 효과적인 기후 변화 대응 체계를 채택함으로써 위험을 축소시켰고, 이는 낮은 주가 변동성으로 이어졌다.

돈을 벌거나 잃는 것이 빈번하게 일어나는 주식 시장에서는 당연하게도 수익률에 대한 보장이 없다. 따라서 일반적인 통념으로는 적절한 분산 투자가 사회적·환경적 가치를 고려하는 것보다 중요

●    Cohort, 마케팅 및 인구 통계학에서 특징을 공유하는 주제 그룹

할 것이다. 장기 투자자의 경우, 재생 불가능한 자원에 대한 과잉 투자와 같은 잘못된 선택조차도 장기적 관점에서 수익에 영향을 주지 못할 것이라고 생각한다. 스위스 리Swiss Re와 같은 주요 재보험사와 뉴욕공무원연금을 포함한 연금 펀드가 사회적 양심 때문이 아니라, 지속 가능성을 높이기 위한 사업적 결정 차원에서 환경·사회·지배 구조 투자 전략을 실행했다는 사실을 재고해야 할 것이다.

어떤 재무 상담가는 이러한 투자 방식이 돈을 잃는 끔찍한 결과를 가져올 것이라고 주장할 수도 있다. 하지만 이는 미지의 대상에 대한 두려움에서 비롯된 반응일 뿐이다. 즉, 사회적 투자에 대한 전문성을 갖추고 있지 않기 때문에, 자신 있게 추천할 수 없고 당연히 먼 이야기쯤으로 취급하게 되는 것이다.

수십 년 동안 고객의 가치관을 투자에 접목시킨 경험이 풍부한 재무 상담가를 찾고 있다면, 퍼스트 어펌 파이낸셜 네트워크First Affirm Financial Network에서 제공하는 재무 상담가 목록을 참고해도 좋다.[5] 사회적 투자에 자신의 경력을 바치기로 선택한 재무 상담가들은 대체로 멋진 사람들이다. 이들은 단순히 새로운 재무 상담가의 역할뿐만 아니라 새로운 세상으로 안내하는 친구가 될 수도 있다.

**4단계. 멋지게 은퇴하라** | 미국 내에는 고용주가 제공하는 퇴직금 계좌가 드물어지고 있지만, 운이 좋다면 퇴직금 계좌를 여전히 가

지고 있을 수도 있다. 이 경우, 이미 퇴직금 계좌를 통해 임팩트 투자 펀드에 투자하는 미국 교직원퇴직연기금<sup>TIAA CREF: Teachers Insurance and Annuity Association-College Retirement Equities Fund</sup>과 연결되어 있을 수도 있다.

설령 그렇지 않더라도, 스스로 소셜(k)*나 녹색 퇴직 연금 회사<sup>Green Retirement</sup> 등과 같은 다양한 선택을 할 수도 있다. 이는 퇴직금 펀드를 위한 대표적인 플랫폼으로, 소규모 단체나 비영리 단체에게도 비용적인 측면에서 매우 효율적이다.

## 개별적인 움직임에서 체계적인 변화로

은행 계좌에 있는 돈을 옮기는 행위가 때로는 상징적인 움직임으로만 느껴질 수도 있다. 하지만 이는 분명 대단한 일이다. 개별적인 노력은 집단적인 변화를 만들기 때문이다. 그러므로 개별적인 노력의 가치를 폄하해서는 안 된다.

만약 임팩트 투자자로서 체계적인 변화에 더 광범위한 영향을 미치기를 원한다면, 두 가지 경로가 있다. 첫째, 이윤을 창출하는 기업을 설립하는 것이다. 물론 근로 소득을 제공하는 기업이

---

\*  Social(k). 환경·사회·지배 구조 개념을 포함시킨 퇴직 연금

어야 한다. 이는 자선 활동에 대한 의존도를 낮추는 방편이 될 수 있다. 둘째, 투자에 대한 책임을 유지하는 것이다. 전통적 투자이든 임팩트 투자이든 간에 사회적·환경적 의무를 다하지 않는 기업이 많기 때문에, 투자에 대한 책임을 유지하는 문제는 중요할 수밖에 없다.

## 이윤을 창출하는 해야 하는 이유

사회 운동가들은 이윤 창출을 목적으로 하는 기업을 설립한다는 것 자체에 거부감을 가질 수 있다. 비록 자선기금 모집 활동을 선호하지 않더라도, 많은 사람들은 자선기금 모집을 어쩔 수 없는 선택이라고 여긴다. 하지만 자선기금 모집은 시간도 많이 소요되고 절차도 복잡하다. 뿐만 아니라, 구조적인 문제를 비롯한 여러 문제가 포함되어 있을 수도 있다. 그렇기 때문에 금전적으로 자립할 수 있는 이윤을 창출하는 기업 구조를 확립하는 것이 궁극적으로 더 나은 결과를 가져올 수 있을 것이다.

많은 비영리 단체 혹은 사회 운동 단체들은 이해 상충 문제 때문에 기업으로부터 기금을 받지 않으려고 노력하기도 한다. 이에 대한 대안으로 재단으로부터 기금을 받는다. 하지만 이러한 선택은 해결하려고 하는 문제를 망치는 것에서 겨우 한 걸음 정도 벗어난 것뿐이다. 한 예로 게이츠 재단은 헬스케어에 투자하는 것보다 2배나 더 많은 돈을 건강 문제를 일으키는 나이지리아Nigeria의 석유 회사에 투자했다. 이는 본질적으로 해결책을 위한 자금을 조달한다는 미명하에 문제적 투자에서 이익을 창출했다는 의미이다.

어떤 돈을 받을 것인가 혹은 받지 않을 것인가에 대한 기준을 설정하는 것은 어려운 일이다. 다양한 단체와 지역 사회는 저마다 생각하는 것이 다르기 때문에, 타협의 여지없이 강력하면서도 간단한 규칙을 정하기란 거의 불가능에 가깝다. 책임감 있는 기부 연합에서는 연합이 추구하는 가치에 조금이라도 반한다고 생각되는 곳의 기부금을 받지 않기로 결정했다. 실제로 10만 달러 단위의 수표를 두 차례 거절한 바 있다. 그러나 꽤 악의적인 방법으로 모은 펀드에서 시작된 재단이나 혹은 부정적이라고 판단되는 대상에 투자한 재단으로부터 어쩔 수 없이 돈을 받은 적도 있다. 물론 그 재단 중 대다수는 임팩트 투자에 대해 적극적으로 참여했지만, 엄격한 기준에서는 원칙에 완벽하게 부합된 것은 아니었다.

당시에는 콘퍼런스와 행사 개최로 발생하는 수입이 한정적이었으므로, 예산 확보를 위해서는 주로 자선 사업에 의존할 수밖에 없었다. 재정적으로 자립할 수 있는 다른 방법을 찾지 못했기 때문이다. 종종 돈은 어느 정도 지저분하기 마련이라는 생각을 하기도 했다. 기존 관행에 기초해 구축된 세계 경제 안에서 순환되는 돈이 청렴할 수 없다고 합리화한 것이다.

하지만 더는 현실을 무비판적으로 받아들이지 말고, 급진적인 변화의 방향으로 나아가길 바랐다. 가장 청렴한 돈은 가치에 걸맞은 활동을 통해 버는 돈일 것이다. 그러므로 스스로 자립할 수 있는 수익 창출 방안을 모색해야 한다. 트랜스폼 파이낸스는 이후 예산의 3분의 1을 자체적으로 조달하는 것을 가능하게 만들었다.

자선 사업은 세계 경제라는 양동이의 물 한 방울일 뿐이다. 따라서 자선기금 모집으로는 고착화된 이권에 맞서 싸울 수 있는 경제를 재건하는 데 필요한 자원을 확보할 수 없다. 다행히도 많은 재단들이 투자 방식과 지향점 사이의 간극을 좁히려는 시도를 하기 시작했다. 혜론 재단, 월리스 글로벌 펀드Wallace Global Fund, 패커드 재단Packard Foundation 등 많은 모범적인 기관들이 그들의 포트폴리오와 추구하는 가치를 일치시키기 위해 노력하고 있다.

덕분에 사회 단체들이 훨씬 더 큰 규모의 돈을 지원받을 수 있는 흥미로운 기회가 생겼다. 평균적인 보조금은 7만 5,000달러이지만, 25만 달러 또는 수백만 달러의 지원을 받을 수도 있는 것이다. 이는 세계 경제 변혁에 거의 관심이 없는 기업이나 기관에 할당되었을 돈이 세계 경제 변혁에 긍정적인 역할을 하는 투자금으로 유입될 수 있다는 의미이기도 하다.

스스로 재정적 자립을 꾀하는 비즈니스 모델을 마련한 단체를 소개하고자 한다.

**홈보이 인더스트리즈**<sup>Homboy Industries</sup> | 로스앤젤레스에 위치한 홈보이 인더스트리즈는 과거 갱단의 일원이었던 사람들에게 직업 기술 교육을 제공한다. 혹은 홈보이 인더스트리즈에서 설립한 빵집을 비롯해 농산물 직판장, 음식 공급 서비스 업체 등 사회적 기업들 중 한 곳에서 일할 수 있는 기회를 제공하기도 한다. 비록 민간 재단, 기업의 이사진, 기타 기부자 등 다양한 곳으로부터 자금을 지원받긴 하지만, 지역 사회를 위한 프로그램과 서비스를 유지하는 데 필요한 비용의 25퍼센트를 자체적으로 창출한 이익으로 충당한다. 홈보이 인더스트리즈의 설립자인 그레고리 보일<sup>Greg Boyle</sup> 신부는 다음과 같이 말했다. "우리는 빵을 구울 친구를 고용하는 것이 아니라, 친구들을 고용하기 위해 빵을 굽고 있습니다."[6]

**전국 가사 노동자 연맹**<sup>NDWA: National Domestic Workers Alliance</sup> | 노동자 보호 정책에 포함되기 위한 활동을 전개하는 보모, 가사 도우미, 돌봄 노동자의 네트워크이다. 가사 노동자에 대한 존중과 인정을 기반으로, 60개 이상의 제휴 조직을 둔 전국 가사 노동자 연맹은 노동자 보호, 풀뿌리 민주주의, 이민 문제, 인신 매매 등 여러 종류의 사회 문제를 해결하기 위한 운동을 전국적으로 주도하고 있다.

그중 페어케어 랩스Faircare Labs는 자체적인 수익을 창출하는 것은
물론 착취적인 성격이 강한 현재의 돌봄 시장을 바꿀 수 있는 혁
신적인 비즈니스 모델을 테스트하고 육성하며, 가사업계의 시장
규범을 제고하고 있다.[7]

**음식점 기회 센터**ROC: Restaurant Opportunities Center | 외식업계의 근로 여건
개선을 위해 2002년에 설립된 전국 노동자 센터이다. 15개 주에
걸쳐 2만 5,000명이 넘는 회원들이 '팁 근로자'의 최저 임금 철폐
를 주장하고 있다. 팁 근로자의 최저 임금은 겨우 2.13달러이며,
이는 100년 동안 변하지 않았다.
또 경력 개발을 위한 근로자 교육 프로그램을 제공하기도 한다.
음식점 기회 센터는 뉴욕과 디트로이트Detroit에 2개의 식당을 운
영 중이며, 뉴올리언스New Orleans와 오클랜드에도 식당을 운영할
계획을 가지고 있다. 이곳은 고용자의 모범적인 역할을 규정하고,
피고용자에게 가치 있는 교육과 안정적인 수익을 보장한다.[8]

**라틴계 커뮤니티의 자산 조성자 협회**NALCAB: National Association for Latino Commu-
nity Asset Builders | 저소득 및 중간 소득의 지역 사회에 서비스를 제공

---

• 팁을 받는 근로자로, 팁이 소득의 상당 부분을 차지한다. 미국에서는 팁 근로자의 최저
임금을 일반 노동자보다 훨씬 낮게 규정하고 있다.

하는 100개 이상의 비영리 지역 개발 단체 혹은 자산 구축 단체로 구성된 네트워크이다. 이 조직의 구성원들은 일자리 창출, 지역 사회 자산 증진, 개인 재산 형성을 위한 시장 기반의 전략을 현실에 적용하는 데 주력하고 있다. 저렴한 주택 공급, 소액 대출 제공, 경제 개발 모색 등의 형태로 일련의 문제를 해결하고 있다.

라틴계 지역, 특히 급속한 주택 가격 상승이나 젠트리피케이션을 경험하고 있는 지역에 저렴한 주택을 공급할 목적으로 2016년 펀드를 출범시켰는데, 이는 수십 년 동안 지역 사회와 유대를 쌓아 온 경험이 뒷받침되었기에 가능한 일이었다. 이들의 목표는 투명한 자본 구조를 통해 네트워크가 지속되도록 돕는 것이다.[8]

위의 사례들은 모두 지역 사회 혹은 임팩트 대상을 위해 봉사하고 기관이 자체적으로 수익을 창출한다는 공통점을 가지고 있다. 이 방식은 완전히 새로운 패러다임이다. 모금 활동에 쓰였던 시간이 유용한 서비스를 제공하는 데 쓰여진다면 혹은 모금에 나서지 않더라도 모금을 하는 경우만큼의 돈을 가지고 있다면, 아마 더 큰 목표를 달성할 수 있을 것이다.

새로운 패러다임이 불러일으킨 변화가 계속해서 대중적인 인기를 얻자, 자체적으로 수익을 창출하는 사회 운동가를 지원하는 다양한 조직들도 등장했다.

**트랜스폼 파이낸스** | 사회 운동을 이끌고 있는 리더들을 위한 행사를 전 세계에서 개최한다. 이 행사는 임팩트 투자 프로젝트를 어떻게 출범시킬지 그리고 어떻게 책임을 유지할지에 대한 논의를 하고 있는 주요 리더들을 소개하는 워크숍이다.[10]

**엑셀레이터 체인지**Accelerate Change | 혁신적인 멤버 혜택을 개발하는 방식으로 규모를 확장하는 기관을 지원한다. 혁신적인 멤버 혜택은 다른 누구도 아닌 멤버에게 가치가 있는 사항이며, 동시에 재정적 독립을 도울 수 있다. 진보적인 운동이라는 점에서 다르기는 하지만 미국자동차협회AAA:American Automobile Association*와 비슷하다.[11]

**노동자 연구소**Workers Lab | 품위 있는 노동 시장을 지향하며, 지역 사회 구성원과 기업가에게 재무 지원, 기술 지원, 교육을 제공한다. 노동자 연구소의 여러 목표 중 하나는 지역 사회가 스스로 지속 가능할 수 있도록 자급자족의 수익 모델을 구축하는 것이다.[12]

　이윤을 창출하는 기업을 설립하는 것은 지배적 경제 패러다임에 도전할 수 있는 대안이다. 다시 말해, 단기적으로는 사람들을 도울 수 있으며 장기적으로는 경제의 큰 흐름을 바꿀 수 있다.

---

* 　비영리 단체로 가입자에게 여행자 예약, 도로 정보, 보험 등의 정보를 제공한다.

## 신념을 지키기 위한 노력

수십억 달러가 임팩트 투자로 유입되면서, 진행 중인 프로젝트를 더 세심히 살펴야 하는 상황이 벌어졌다. 기업과 프로젝트를 다루는 데 있어 책임감 있고 투명한 절차를 확립하기 위해서는 다음의 세 가지 사항을 기억할 필요가 있다.

첫째, 주주 행동주의이다. 주주 행동주의는 앞서 언급된 록히드 마틴의 사례와 같이, 주요 기업의 변화를 촉진하는 매우 효과적인 방법이 될 수 있다. 예를 들어, 기업의 환경 및 사회적 책임을 촉구하는 비영리 단체 애즈 유 소As You Sow 혹은 기업 책임에 관한 범종교 단체 기업책임상호신뢰센터ICCR: Interfaith Center on Corporate Responsibility와 같은 조직들은 긴밀한 협력 관계를 맺기에 근사한 조직이다. 그들은 전문 지식을 자랑하며 동일한 성향을 띠고 있는 단체들과 기꺼이 협력하고자 한다.

둘째, 투자 책임이다. 투자는 긍적적이든지 부정적이든지 항상 사회적·환경적 결과를 야기하기 마련이다. 투자자들은 최선의 의도가 실패하거나 해를 끼치게 될 경우에 반드시 그에 대한 책임을 져야 한다. 책임을 지는 것에서 더 나아가 임팩트 투자를 고려하는 데까지 시야를 확장하길 권장한다. 예를 들어, 임팩트에 대한 책임을 부여하기 위해서 국제 책임 프로젝트International Accountability Project는 지역 사회의 글로벌 리더십 위원회를 조직해 투

자 기관과 만나도록 주선하는 역할을 했다.[13]

셋째, 지역 사회와 통합하기 위한 노력이다. 투자 프로젝트가 진행될 때, '지역 사회 이익 협정community benefit agreement'의 형태로, 지역 사회와 통합하는 것을 통해 책임감을 가지는 것이 중요하다. 다만 지역 사회 이익 협정이라는 용어는 다시금 생각해 볼 문제이다. 지역 사회의 이익이 사업이나 투자에 필수적인 것이 아니라, 부가적인 것으로 생각될 수 있기 때문이다. 그러나 이와는 별개로 이상적인 지역 사회 이익 협정의 경우, 일회성 조율을 넘어 지역 사회가 지속적으로 프로젝트의 설계와 경영, 소유권에 대한 조건을 설정하는 데 참여하도록 유도할 수 있다.

최초의 지역 사회 이익 협정은 수백만 달러 규모로 추진된 애틀랜틱 야드Atlantic Yards 프로젝트와 관련하여 체결된 것으로, 2005년 뉴욕에서 시작되었다. 뉴저지 네츠New Jersey Nets의 홈 경기장이 될 체육관을 설립하는 해당 프로젝트는 브루클린Brooklyn 주민들의 반대에 부딪혔고, 이를 해결하고자 지역 사회 단체와 협상을 이어나갔다. 협상에는 저렴한 주택 제공, 생활 임금 보장, 공평한 채용 규정, 탁아소 건립, 인근 주민들을 위한 무료 농구 경기 입장권 배부 등이 포함되어 있었다.[14]

우리는 어떤 형태로든 돈과 연결되어 있다. 따라서 돈으로 사회를 작동시키는 방식에 지대한 영향을 미치고 있다고 볼 수 있다. 개인으로서, 지역 사회를 기반으로 한 조직이나 비영리 단체의 일원으로서, 사회 운동가로서, 금융 기관의 직원으로서, 각자가 선택할 수 있는 임팩트의 폭은 다양하다. 이 네 가지 역할 중에 해당하는 것이 많은 사람일수록 임팩트 투자의 강력한 지지자가 될 것이다.

# 스스로에게
# 계속 질문하라

임팩트 투자는 현시대가 직면한 거대한 사회적·환경적 과제에 변혁을 가져올 잠재력을 지니고 있다. 우리에게는 정의를 위해 수조 달러를 사용할 수 있는 기회가 주어졌고, 이는 정말 멋진 일이 아닐 수 없다. 이 기회를 적극적으로 활용해야 할 것이다. 중요한 것은 금융이 사회 변화를 이끄는 데 효과적인 도구가 될 수 있다는 사실이다. 다만 실제로 변화가 일어나기 위해서는 수많은 과정을 거쳐야 할 것이다.

이 지점에서 E. B. 화이트E. B. White의 글을 공유하고자 한다. "세상이 단지 유혹적이었다면, 쉬울 것이다. 세상이 단지 도전적이었다면, 그 또한 문제가 아니다. 나는 세상을 바꾸고자 하는 욕망과 세상을 즐기고자 하는 욕망 사이에서 갈등하며 매일 아침 눈을 뜬다. 이 때문에 하루를 계획하기가 어렵다."[1]

마음 속 깊은 곳에서 스스로에게 묻곤 한다. 세상이 어쩌다가 이렇게 엉망이 되었을까? 다양한 문제를 왜 사회적 차원에서 해결하려고 하지 않을까? 시간을 보낼 수 있는 놀라운 방법이 많을 텐데, 정의를 위한 싸움에 이토록 많은 시간을 써야만 할까?

이러한 질문들은 나 자신을 당혹스럽게 하고 내 마음을 무겁게 만들기도 한다. 하지만 우리는 변화를 일으킬 준비가 되어 있다.

개인의 행동과 결정이 누적되어 세상이 만들어졌다는 사실을 잘 알고 있는 사람도 있을 것이다. 그러나 대부분의 사람들은 개인의 은행 계좌와 소비가 세상을 바꿀 수 없다고 생각한다. 도덕적 가치보다 재무적 이익이 주도하는 세상을 살아가고 있는데도 말이다. 금융 기관이나 개인의 부를 통해 중대한 변화를 일으킬 만한 힘을 가지고 있는 사람들조차도 자신의 영향력이 미미하다고 느끼며, 세상을 바꾸는 데 무관심할 수도 있다. 하지만 세계 경제 시스템으로 인해 전 세계 사람들의 경제적·정치적·사회적·문화적 자립 체계가 위태로워졌다는 현실을 명심해야 한다. 세계 경제가 영속적으로 가져온 불의와 불평등은 사람들을 고통에 빠뜨리고 있다.

이제까지 취해온 방식과 전혀 다른 방식으로 경제 개발을 추구할 수 있고, 더 위대한 번영을 도모할 수 있는 길이 있다. 바로 임팩트 투자라는 새로운 방식이다. 임팩트 투자는 모든 사람들에게 세상을 바꿀 수 있는 능력을 부여한다. 더불어 경제적인 힘을 선을 위한 힘으로 전환시키는 역할을 수행한다.

마지막으로 강조하고 싶은 말이 있다. "정의를 실현하기 위해 돈, 말, 행동을 모두 동원해, 할 수 있는 모든 일을 하세요. 항상 경청하세요. 그리고 계속 질문하세요."

## 01  자선 사업의 한계

1. P. L. Rosenfield, A World of Giving: Carnegie Corporation of New York— A Century of International Philanthropy (New York: PublicAffairs, 2014); D. Farrell, S. Lund, O. Skau, C. Atkins, J. Mengeringhaus, and M.Pierce, Mapping Global Capital Markets: Fifth Annual Report, McKinsey Global Institute, 2008.

2. The Foundation Center, Social Justice Grantmaking 2: Highlights(New York: The Foundation Center, 2009).

3. Internal Revenue Manual, Internal Revenue Service, 2016, https://goo.gl/Xdw-wDr, accessed June 3, 2016.

4. C. Piller, E. Sanders, and R. Dixon, "Dark Cloud over Good Works of Gates Foundation," Los Angeles Times, January 7, 2007.

5. R. J. Samuelson, "It's Still the Economy, Stupid," Washington Post, February 3, 2016.

## 02  경제적 행동주의가 지닌 영향력

1. "Finance and Investment Offices," Swarthmore College, n.d., http://goo.gl/YqEuVU, accessed February 2, 2017.

2. "Investments," California Public Employees' Retirement System(CalPERS), n.d., https://goo.gl/TIB9ea, accessed June 4, 2016; M. Braun, "NYC Pension Weighs Liquidating $1.5 Billion Hedge Fund Portfolio," Bloomberg, April 13, 2016.

3. M. Hilton, ed., Monitoring International Labor Standards: Quality of Information (Washington, DC: National Academies Press, 2003).

4. T. Krattenmaker, "Swarthmore Presses Ahead with Lockheed Challenge Follow-

ing Shareholder Vote," Newswise, May 7, 2002; J. Loviglio, "Swarthmore Challenges Lockheed Martin Discrimination Policy," Associated Press, April 1, 2002.

5.   K. Downey, "Lockheed Changes Policy to Benefit Gays," Washington Post, November 23, 2002.

6.   "Shareholder Resolution History," Walden Asset Management, 2016, http://goo.gl/weM28k, accessed June 4, 2016; Chris Bull, "Students vs. Big Business: A Swarthmore College Sophomore Talks About How Her Group Got the School to Use Its Economic Clout to Push for Gay Rights at Lockheed," The Advocate, May 14, 2002, 20, http://goo.gl/n3RWgg, accessed January 20, 2017.

7.   Responsible Endowments Coalition, "New Coalition to Scrutinize College Investments," Corporate Social Responsibility Newswire, April 21, 2004, http://goo.gl/zOGBql.

8.   "Innovative Finance," Rockefeller Foundation, n.d., https://goo.gl/mZ344r, accessed June 4, 2016.

9.   "Impact Investing and Innovative Finance," Rockefeller Foundation, n.d., http://goo.gl/ahFt3x, accessed February 2, 2017.

10.  D. Lamson, "Abolition," West Hills Friends, 2012, http://goo.gl/gFUwnR.

11.  B. Upbin, "Impact Capital Is the New Asset Class," Forbes, September 18, 2012.

12.  C. Tolentino, R. Sun, J. Cariola, X. Liu, and R. Gao, Capstone Report (New York: School of International and Public Affairs, Columbia University, 2015).

13.  W. Cascio, "The High Cost of Low Wages," Harvard Business Review, December 2006.

14.  D. Mulcahy, B. Weeks, and H. Bradley, "We Have Met the Enemy . . . and He Is Us": Lessons from Twenty Years of the Kauffman Foundation's Investments in Venture Capital Funds and the Triumph of Hope over Experience, Ewing Marion Kauffman Foundation, May 2012, http://goo.gl/UM1bK, accessed January 20, 2017.

15.  Myles Udland, "Warren Buffett Thinks Working Just to Beef Up 9781568589800-Your Résumé Is Like Saving Up Sex for Your Old Age," Business Insider, November 11, 2015, http://goo.gl/W1wUBk.

1. "Migration Grant Guidelines," MacArthur Foundation, n.d., http://goo.gl/ars-8du, accessed January 20, 2017.
2. Max Pichulik, "NexThought Monday—Impact White Washing? When Any Deal in a Developing Country with a Few Generic Metrics Can Be Considered Impactful," Next Billion, n.d., http://goo.gl/TWj9Tp.
3. Joshua D. Rhodes, "When Will Rooftop Solar Be Cheaper Than the Grid? Here's a Map," The Conversation, n.d., http://goo.gl/W4slj0.
4. INCITE! Women of Color Against Violence, The Revolution Will Not Be Funded: Beyond the Non-Profit Industrial Complex (Cambridge, MA: South End Press, 2007).
5. See Amy Huffman, "Freada Kapor Klein: Genius Is Equally Distributed by Zip Code, Opportunity Is Not," Exitevent, September 14, 2016, http://goo.gl/465s-KA.
6. "How Many People Live in California," Suburban Stats, n.d., https://goo.gl/FBDxM8, accessed July 2, 2016.
7. "Here's a Detailed Breakdown of Racial and Gender Diversity Data Across U.S. Venture Capital Firms," Techcrunch, October 6, 2015, https://goo.gl/v11fn7, accessed July 2, 2016.

1. N. O'Donohoe, C. Leijonhufvud, Y. Saltuk, A. Bugg-Levine, and M. Brandenburg, Impact Investments: An Emerging Asset Class, J. P Morgan Global Research, The Rockefeller Foundation, and Global Impact Investment Network, November 29, 2010, http://goo.gl/5PTAUs, accessed January 20, 2017.
2. J. Militzet, "The Impact of Tech: Sandhya Hegde of Khosla Impact Fund Discusses How High-Tech Solutions Can Transform Lives at the BoP," Next Billion, November 5, 2015, htpp://goo.gl/saKYJ3, accessed January 20, 2017.
3. R. Rosenberg, "CGAP Reflections on the Compartamos Initial Public Offering," Consultative Group to Assist the Poor (CGAP), June 1, 2007, http://goo.gl/bYjm1z, accessed January 20, 2017.

4.    Development Initiatives, Investments to End Poverty: Real Money, Real Choices, Real Lives, 2013, http://goo.gl/aUN3jG, accessed January 20, 2017; S. Strom and V. Bajaj, "Rich I.P.O. Brings Controversy to SKS Microfinance," New York Times, July 29, 2010.

5.    M. M. Pitt and S. R. Khandker, "The Impact of Group-Based Credit Programs on Poor Households in Bangladesh: Does the Gender of Participants Matter?," Journal of Political Economy 106, no. 5 (1998): 958–996; D. Roodman and J. Morduch, "The Impact of Microcredit on the Poor in Bangladesh: Resisting Evidence," Center for Global Development, 2009, http://goo.gl/vQcRdd.

6.    K. Odell, Measuring the Impact of Microfinance (Washington, DC: Grameen Foundation, 2010).

7.    M. Yunus, "Sacrificing Microcredit for Megaprofits," New York Times, January 14, 2011.

8.    N. Macfarquhar, "Banks Making Big Profits from Tiny Loans," New York Times, April 13, 2010.

9.    M. Yunus, "Social Business," Yunus Centre, December 25, 2007, http://goo.gl/OLX35v, accessed June 6, 2016.

10.   "Grameen Crédit Agricole Fund: A Lever for Development," Grameen Crédit Agricole Fund, n.d., http://goo.gl/tw1DmL, accessed February 4, 2017.

## 06 평등한 기회와 강력한 연대의 힘

1.    "Rio Favela Facts," Catalytic Communities (CatComm), http://goo.gl/KTdQWL, accessed February 13, 2017.

2.    R. Rosenberg, "CGAP Reflections on the Compartamos Initial Public Offering," Consultative Group to Assist the Poor (CGAP), June 1, 2007, http://goo.gl/bYjm1z, accessed January 20, 2017.

3.    Octavio Vélez Ascencio, in NoticiasNet.mx, quoted in Selene Aparicio (trans.), "The 'Dark Side' of Wind Power in Mexico," Renewable Energy Mexico, May 4, 2012, http://goo.gl/TxMsK5, accessed January 20, 2017.

4.    J. A. Schertow, "Solidarity with the Resistance Against Corporate Windfarm in Oaxaca, Mexico," Intercontinental Cry, November 5, 2012, http://goo.gl/lq9XF4, accessed January 20, 2017.

1. J. Hornbeck, "The Argentine Financial Crisis: A Chronology of Events," Congressional Research Service, Library of Congress, January 31, 2002.

2. C. Zimring and W. Rathje, Encyclopedia of Consumption and Waste: The Social Science of Garbage (Thousand Oaks, CA: SAGE Publications, 2012).

3. B. Dangl, "Occupy, Resist, Produce: Worker Cooperatives in Argentina,"Upside Down World, March 6, 2005, http://goo.gl/su7brm.

4. "Our Mission," The Working World, 2016, http://goo.gl/isDEYW, accessed July 2, 2016.

5. K. Vellinger, M. Simon, and S. Oceransky, Redefining Impact: Case Studies in Transformative Finance, Toniic and The Transformative Finance Network, 2013, http://goo.gl/1rcrma, accessed January 20, 2017.

## 08  위험과 수익의 균형

1. Cocoa Barometer, 2015, http://goo.gl/oGgyEV, accessed January 20,2017.

2. "History of Fairtrade," Fairtrade International, 2011, http://goo.gl/Bfs3lm, accessed June 14, 2016; "What Is Fairtrade," Fairtrade International, 2011, http://goo.gl/Bfs3lm, accessed June 14, 2016.

3. C. Doutre-Roussel, The Chocolate Connoisseur: For Everyone with a Passion for Chocolate (London: Piatkus Books, 2005).

4. "Emily Stone," Ashoka Innovators for the Public, 2014, http://goo.gl/nQLoEd, accessed June 14, 2016.

5. The World Factbook, Central Intelligence Agency, http://goo.gl/gA2RHt, accessed January 20, 2017; 2009 Country Poverty Assessment, National Human Development Advisory Committee, Ministry of Economic Development, Commerce and Industry, and Consumer Protection, Belize, August 2010.

6. "Indigenous Innovation: Revolutionizing Cacao Production in Belize," Kickstarter, 2014, https://goo.gl/OBeVqt, accessed June 14, 2016.

7. "Facts and Figures," Specialty Coffee Association of America, http://goo.gl/moumvX, accessed June 14, 2016.

1. "IRIS: The Rockefeller Foundation," Global Impact Investing Network, n.d., https://goo.gl/luiyu4, accessed June 12, 2017.

2. "GIIRS Ratings," B Analytics, 2016, http://goo.gl/HeoEtW, accessed June 12, 2016.

3. World Bank, IFC Jobs Study: Assessing Private Sector Contributions to Job Creation and Poverty Reduction (Washington, DC: World Bank Group, January 2013, http://goo.gl/oppggh, accessed January 20, 2017.

4. "Fight Poverty: Move the GDP Needle," Endeavor, September 17, 2012, http://goo.gl/3TsijO, accessed June 12, 2015.

5. A. Lowrey, "Income Inequality May Take Toll on Growth," New York Times, October 16, 2012.

6. International Labour Organization, World Employment and Social Outlook 2016, January 2016, http://goo.gl/yBhgiE, accessed February 13, 2017.

7. G. S. Fields, Working Hard, Working Poor: A Global Journey (New York: Oxford University Press, 2012).

8. C. DeNavas-Walt and B. Proctor, Income and Poverty in the United States, US Department of Commerce, US Census Bureau (Washington DC: US Government Printing Office, 2012); L. Sullivan, T. Meschede, L. Dietrich, and T. Shapiro, The Racial Wealth Gap: Why Policy Matters, Institute for Assets and Social Policy, Brandeis University, and Demos, 2015, http://goo.gl/n2X5w6, accessed January 20, 2017.

9. "L&J: About Us," Liberty and Justice, n.d., http://goo.gl/BDkAeA, accessed June 13, 2016.

10. Huntington Capital, "2013 Annual Impact Report: Pioneering High Performance Impact Investing," 2013, http://goo.gl/Ewc9Ek; see also "About SBA," Small Business Administration, n.d., https://goo.gl/A0pNYQ, accessed June 14, 2016.

11. See Jobs with Justice, www.jwj.org, accessed June 14, 2016; Berkeley Labor Center, http://laborcenter.berkeley.edu, accessed June 14, 2016; For Working Families, www.forworkingfamilies.org, accessed June 14, 2016.

12. E. Appelbaum, R. Milkman, L. Elliott, and T. Kroeger, Good for Business? Connecticut's Paid Sick Leave Law, Center for Economic and Policy Research, 2014,

http://goo.gl/ceHGtv.

13. "Paid Sick Days: Good for Business, Good for Workers," National Partnership for Women & Families, August 2012, http://goo.gl/cxQ8q9.

14. W. Cascio, "The High Cost of Low Wages," Harvard Business Review, December 2006.

15. C. X. Chen and T. Sandino, "Can Wages Buy Honesty? The Relationship Between Relative Wages and Employee Theft," CtW Investment Group, n.d., http://goo.gl/RkRsDa.

16. D. Kruse, "Research Evidence on Prevalence and Effects of Employee Ownership: 2002 Report by Douglas Kruse, Rutgers University," Testimony Before the Subcommittee on Employer-Employee Relations, Committee on Education and the Workforce, US House of Representatives, February 13, 2002, posted at National Center for Employee Ownership, http://goo.gl/laAYwO, accessed February 13, 2017.

## 10 목표에서 실천으로 그리고 확장까지

1. Establishing Long Term Value and Performance, Deutsche Bank Group, 2012, http://goo.gl/Fyvj3G, accessed February 4, 2017; The Impact of Corporate Sustainability on Organizational Processes and Performance, Harvard Business School, 2010, http://goo.gl/MP1v3V, accessed February 4, 2017.

2. "Transform Finance Investor Network Launches at White House with $556 Million Pledge," Philanthropy New York, June 25, 2014, https://goo.gl/aEcLfX, accessed July 2, 2016; "Background on the White House Roundtable on Impact Investing," White House, n.d., https://goo.gl/dcSN91, accessed July 2, 2016.

3. Internal Revenue Manual, IRS, 2016, https://goo.gl/XdwwDr, accessed June 3, 2016.

## 11 임팩트를 위해 실천할 수 있는 일

1. "Weekly National Rates and Rate Caps," Federal Deposit Insurance Corporation, http://goo.gl/9j5A6P, accessed June 14, 2016.

2.  "Impact Savings and Money Market," New Resource Bank, n.d., http://goo.gl/Y6oLc9, accessed June 14, 2016.

3.  Establishing Long Term Value and Performance, Deutsche Bank Group, 2012, http://goo.gl/Fyvj3G, accessed February 4, 2017.

4.  The Impact of Corporate Sustainability on Organizational Processes and Performance, Harvard Business School, 2011, http://goo.gl/MP1v3V, accessed February 4, 2017.

5.  First Affirmative, www.firstaffirmative.com, accessed June 14, 2016.

6.  Homeboy Industries, www.homeboyindustries.org, accessed June 14, 2016.

7.  National Domestic Workers Alliance, www.domesticworkers.org, accessed June 14, 2016.

8.  Restaurants Opportunities Centers United, http://rocunited.org, accessed June 14, 2016.

9.  National Association for Latino Community Asset Builders, www.nalcab.org, accessed June 14, 2016.

10. Transform Finance, http://transformfinance.org, accessed June 14, 2016.

11. Accelerate Change, http://acceleratechange.org, accessed June 14, 2016.

12. The Workers Lab, http://theworkerslab.com, accessed June 14, 2016.

13. International Accountability Project, http://accountabilityproject.org, accessed June 14, 2016.

14. P. Salkin and A. Lavine, "Negotiating for Social Justice and the Promise of Community Benefits Agreements: Case Studies of Current and Developing Agreements," Journal of Affordable Housing & Community Development Law 17 (2008): 113–144.

## 마무리하며

1.  Israel Shenker, "E. B. White: Notes and Comment by Author," New York Times, July 11, 1969, http://goo.gl/EuRVX, accessed January 20, 2017.

# 우리가 세상을 바꿀 수 있다면

**1판 1쇄 인쇄** 2021년 1월 15일
**1판 1쇄 발행** 2021년 1월 25일

**지은이** 모건 사이먼
**옮긴이** 김영경, 신지윤, 최나영

**발행인** 양원석  **편집장** 차선화  **책임편집** 윤미희
**디자인** 이은혜, 김미선  **영업마케팅** 양정길, 강효경, 정다은

**펴낸 곳** ㈜알에이치코리아
**주소** 서울시 금천구 가산디지털2로 53, 20층 (가산동, 한라시그마밸리)
**편집문의** 02-6443-8854   **도서문의** 02-6443-8800
**홈페이지** http://rhk.co.kr
**등록** 2004년 1월 15일 제2-3726호

**ISBN** 978-89-255-8926-8 (03300)